La niña del emigrante
y
Su multimillonaria empresa

Cómo la peor tragedia en la vida de un emigrante, se convirtió en el éxito corporativo más grande... del mundo

Juan Carlos Zavala Benavides

Kindle, Amazon S.L., 2014

1ª edición

ISBN: 978-9942-02-136-6

Impreso en Ecuador / *Printed in Ecuator*

Editado por Amazon

http://www.amazon.com/dp/B00QRH4AG0

Por eso sucede en el reino de los cielos lo mismo que pasó con un Rey que resolvió arreglar sus cuentas con sus empleados. Cuando estaba empezando a hacerlo, le trajeron a uno que debía diez millones de monedas de oro. Como el hombre no tenía para pagar, el Rey dispuso que fuera vendido como esclavo, junto con su mujer, hijos y todas sus cosas, para pagar así su deuda. El empleado se arrojó a los pies del rey suplicándole << ten paciencia conmigo y yo te pagaré todo>>. El rey se compadeció y no solo lo dejo libre, sino que además le perdonó la deuda. Pero apenas salió el empleado, se encontró con uno de sus compañeros que le debía cien monedas; lo agarró del cuello y casi ahogándole le grito: << Paga lo que me debes>>. El compañero se echó a sus pies y le rogaba; << Ten un poco de paciencia conmigo y yo te pagaré>>. Pero el otro no aceptó. Al contrario lo mandó a la cárcel hasta que pagara todo la deuda. Los Compañeros, testigos de esta escena, quedaron muy molestos y fueron a contarle todo a su patrón. Entonces este lo hizo llamar y le dijo: <<Siervo malo, todo lo que me debías te lo perdone en cuanto me lo suplicaste. ¿No debías haberte compadecido de tu compañero como lo hice contigo? Entonces el enojado patrón lo entregó a la justicia hasta que hubiese pagado toda la deuda.

Mateo 18, 23-34

En la riqueza y en la pobreza, en la salud y en la enfermedad, por todos los días de nuestras vidas e incluso más.

Te amo Analu

AGRADECIMIENTOS

Querido lector, una pequeña parte de esta obra es a su vez un breve momento de una hermosa ficción, pero... ¿sabrá usted reconocer donde empieza o donde termina esta irrealidad? ¿Qué tan cargado de problemas esta ahora usted?, este libro no es una prueba a su inteligencia, más si lo es a su sencillez, ¿Perdió al niño que guardaba dentro de usted? Le propongo poner en duda su juicio acerca de lo que llama su realidad, ¿Cuándo fue la última vez que siguió aquellos sueños sinceros? ¿Cuándo abandonó por comida, bebida o vestido sus metas? Recuerde conmigo lo dulce del soñar, y trate otra vez de convertirlos en realidad.

Toda sana fantasía en su momento ha cambiado el mundo para bien, si lo duda, solo asómese por la ventana y mire, allí encontrará un sin fin de inventos que no fueron convertidos por hábiles mentes, sino por soñadores prácticos.

Establezca usted su propio análisis y se dará cuenta de que aunque la idea que se narra es fantasiosa, no está fuera del alcance de nuestras posibilidades, otras civilizaciones lo han logrado, entonces ¿Por qué nosotros no podemos hacerlo?

Si es usted un emigrante o no, recibirá la motivación necesaria para alcanzar sus sueños de este mismo libro, solo deberá cambiar el nombre de los protagonistas de la novela y reemplazarlos por aquellos que le sean familiares a su oído, así obtendrá una mejor perspectiva de la sombría existencia que llevan los dejados atrás.

Ahora, mientras lee este agradecimiento existen miles de hijos, hermanos, madres o conocidos de emigrantes, que deambulan por las calles siendo explotados por gente inescrupulosa que los preparan día a día para engrosarlos en la renovada lista de futuros antisociales, especialistas en el hurto, homicidio, tráfico de personas y estupefacientes.

Todas las escenas de dolor, se cuentan de la manera más real que el autor pudo palpar desde la cómoda vereda contigua.

Agradezco a Dios por darme las fuerzas necesarias para cumplir con el plan que me tracé, además, por haber colocado en mi camino a los héroes de esta historia, quienes con su caminar, me guiaron al camino justo... al camino correcto.

Agradecimiento especial

Mis padres, quienes son parte integral de mi formación y de quienes aprendí como debo tomar lo bueno de las personas malas.

A mis hermanos, por ser el camino donde empecé a recomponer mi sueño.

Mi agradecimiento de corazón para:

Pedrito L. de 12 años de edad, Santo Domingo, vendedor de cocada.

Joselito V. de 10 años de edad, Manta, vendedor de rosas.

Dianita S. de 8 años de edad, Esmeraldas, vendedora de confites.

Josué P. de 7 años de edad, Picoaza, vendedor de lotería.

Y por supuesto:

A mis hijos:

Juanito, porque sin haber nacido, me enseñó un mundo de cosas,

A mi hija Ana Rosa quien me sirvió de modelo para poder encajar gráficamente a la hija del emigrante y así, contar la versión que faltaba, la que solo se logra llegar con efectividad, desde la arista de un padre.

Todos los nombres de los personajes de esta novela son ficticios, cualquier semejanza con la realidad, es pura coincidencia.

Atentamente

El Autor.

PRÓLOGO

Desde la muerte de María Celinda, el hogar Sancan Tumbaco se mostró frágil y vacilante ante los cambios que se producían dentro y fuera de él. La inestabilidad emocional de José Ramón, el retroceso en la terapia anti depresiva y la falta de voluntad para luchar contra los imponderables de la vida, invadieron su mente y sustrajeron aquellos principios que lo hicieron sobresalir de entre muchos, hacía solo un par de años atrás; el negar su responsabilidad en el manejo de sus sentimientos, lo llevó irremediablemente a confundirse entre la miseria y el fracaso, el congelamiento de sus cuentas financieras durante aquel inaudito feriado Bancario, fue la excusa perfecta para abandonarse en la nada.

Este boceto se completó con la quiebra masiva del sector productivo, que terminaría por quitarle además de su trabajo, la fe en su país y parte de su historia republicana.

La despedida de la moneda patria, sellaría así mismo la pomposa llegada del todopoderoso verde norteño. En este punto, y vacío por completo, perdería sus fuerzas y la ilusión de una vida digna, dentro de las nuevas fronteras nacionales.

Desesperado por su iliquidez, el fantasma del consumismo capitalista lo envuelve, al punto de arriesgar su vida, tomar ventaja del mar y alcanzar en parte el utópico sueño americano.

Esta gran decisión trae consigo grandes penas y enormes pérdidas, la de sus muy buenos amigos, sus recuerdos, sueños, e incluso hasta el único activo familiar que le quedó desde que su esposa murió. Nada de esto lograría quebrantar su decisión, tan solo consiguió dilatarla, por un corto tiempo.

Aquello que le restó parte de su esencia, se depositó lentamente por debajo de sus vestiduras, quedando por defecto impregnada y enlazada a un delicado manto de piel...la piel de una hermosa pequeña.

Primer Acto

"La niña del emigrante"
"La peor Tragedia"

Cuando se está en edad pre escolar, las vacaciones de invierno se disfrutan de forma diferente, un ejemplo claro de esta teoría es la incansable Isabelita, quien se ingenió mil formas y maneras de disfrutar al máximo de sus abuelitos paternos.

Los tres meses pasaron como un suspiro, el cariño que recibió de propios y extraños formaría parte importante de su carácter, específicamente le servirían para sobrellevar con tranquilidad los duros episodios que estaba destinada a vivir.

Al partir del pueblito, el balconcillo de la casa vieja, en silencio se prestaría a contar las famosas andanzas de su pequeña visitante, las aventuras vividas por la niña quedarían grabadas en forma de garabatos en cada uno de los balaustres de madera semi acabados por los años, los que confundidos tiernamente con los de su padre, constituirán parte de la heredad de su familia, y muy pronto además, se convertirían en motivo de orgullo para aquel hermoso pueblo del Pacifico Sur.

24 de diciembre del 2004

El Boeing 747 volaba por sobre la capital de la república. En el asiento 44 B, José Ramón Sancan no dejaba de moverse, y mordisquear las uñas de sus manos.

El Cotopaxi se mostraba esplendoroso, era imposible después de tanto tiempo ignorar y admirar su fastuosidad. La pequeña ventanilla dispuesta al costado derecho junto a su lugar, resultó ser una imprevista trampa de angustia, la responsabilidad de esto, parecía recaer sobre toda aquella imagen en forma de paisaje andino, que se regalaba ante los ojos del muchacho, las que le propiciaban transpiración, mareo y pulsaciones aceleradas.

En los parlantes del avión, una voz gruesa y difícil de entender por la prisa con la que hablaba, le calmó su tormento, anunciaba a los pasajeros el permiso concedido por la torre de control, para el respectivo descenso y parqueo en la pista número tres, la que está diagonal a la terminal nacional.

Cuando el avión se detuvo por completo y las puertas automáticas se aprestaban a abrirse, tomo su bolso de mano, y como si se tratara de alguna competencia pasó esquivando aceleradamente a quien se le atravesara por el estrecho pasillo que conducía a la salida.

En el túnel de desembarco, aligeró el paso. Quería ser el primero en salir, volver a respirar ese aire cargado de frío y sentir en sus pulmones cada uno de los dos mil ochocientos sesenta metros sobre el nivel del mar de aquel sitio que guardaba cariñosamente algunos de sus sueños de libertad.

Para algunos, el no estuvo fuera por mucho tiempo, pero con tantos cambios en su vida, esta percepción para él había cambiado en nombre y concepto, ahora el deleite de un minuto, era como el de una hora en comparación con aquel muchacho inmaduro e inexperto, que emigró en ese tormentoso episodio nacional, esta primera demostración de afecto hacia su patria, calmaba en algo la obsesión que tenía por regresar a su hogar.

Cuando llegó a la sala VIP de la línea aérea nacional que lo trasladaría hasta su acogedora ciudad, se ocupó en buscar un asiento lo suficientemente tranquilo y alejado de las pocas personas que viajarían hacia el mismo destino. El proceso de selección fue rápido, al sentarse, volvió a abrir con sentimiento su agenda de trabajo. Sobre una hoja en particular, en la que se encontraban citas de negocios y propuestas comerciales para ese día, una foto era el objeto que colmaba su atención.

Solo una cosa en su mente estaba por encima de todas las circunstancias, acciones, o deseos, en ella se juntaban la esperanza de incontables momentos de soledad y un cariño reprimido a punto de explotar, formado a partir de aquellos días extraviados en amor, entre los dos protagonistas de una historia lista para reconstruir.

-Esto fue lo correcto- se dijo para sí mismo en voz baja.

- Regresar a tu lado a pesar de no saber lo que este país podrá brindarme, es alcanzar el éxito total, sentar verdaderas bases a partir de mi amor por ti. Cuántas veces y de cuantas formas he soñado este reencuentro, procuré no avisar de mi llegada a nadie, me prometí sorprenderte la víspera de navidad, y estoy a treinta minutos de eso... mi querida hija – concluyó diciéndose en forma sentimental.

A tres cientos noventa kilómetros de distancia, en la ciudad de sus anhelos, y a diferencia de su enriquecedora experiencia acaecida en el exterior; el tiempo durante su ausencia, había acelerado la narración de todos los capítulos que a él, se le habían olvidado contar.

Una larga y distendida espera, anunciaba la suerte de su querida pequeña.

Todos los esfuerzos de amigos y conocidos, redundaban en un mismo y vano resultado, pues la operación practicada a Isabelita Sancan, se habría convertido en la coartada denunciada y exigida por la vida, por el pago de facturas pendientes, resultantes de las decisiones equivocadas de José Ramón. Sus líneas finales se estaban recitando minuto a minuto, la muerte de forma inevitable, llegaría a tocar sus puertas de un modo o de otro.

Se sabe que ingresó por aquello de las diez de la mañana; el cuadro que presentó, según la bitácora del doctor Guzmán, era de fiebre por encima de cuarenta grados, espasmos y dolores frecuentes en varias zonas de su cuerpo. La infección que se había generalizado producto del estado avanzado de la gangrena, era la complicación persistente, esto, y la amputación necesaria de su piernita derecha; pero la desnutrición que presentaba la niña, así como la anemia crónica detectada, habían comprometido su estabilidad, y no estaba respondiendo de manera satisfactoria a los antibióticos.

-¡Una hora o dos! ¡No puede ser! ¿Quién lo dijo? – preguntó la licenciada Caicedo a uno de los internos.

- Bueno, eso fue lo que dejó dicho el doctor - respondía Miguel Intriago.

Ambos tomaban notas muy de cerca de la paciente, que desde hace poco había comenzado a moverse y a estremecerse en periodos de tiempo más cortos.

-Ahh... me duele - snigf, snigf- se quejaba la niña mientras se despertaba sollozando.

- Inyéctele otra dosis de morfina – le ordenó la licenciada al muchacho

-No... ya no más inyecciones –pidió con delicadeza la niña.

Los enfermeros, nuevos en esta lid, prestaron su contingente al profesionalismo de sus carreras, y recibieron como pago una dura experiencia, la que vino en forma de sobresaltos e impresiones, todas ellas, en las terribles expresiones faciales de dolor, con las que la niña suplicaba no más picaduras. A partir de ese momento, su diálogo lleno de silencio, fue uno solo, de suspiros y de llanto.

Dos minutos después la niña pedía en tono de clemencia, eso mismo que pidiera tantas veces antes de dormir y que estuviera segura de obtener.

- Diosito, tu eres bueno, ya no sé ni lo que siento, todo duele,... por favor, déjame ver a mi papito una última vez... déjame abrazarlo..., sentirlo... snigf, si tú lo quieres, tú lo puedes.- concluyó diciendo.

Los jóvenes galenos escondieron su rostro de pesar, y prevenidos de no ser observados por la niña, rodearon la cama dándose tiempo para calmar sus ansias, esquivando hábilmente la mirada de la paciente, finalmente desoyeron el ruego que se repetía como eco, y sin más opciones le aplicaron la dosis estipulada; el grito de la pequeña les estremeció hasta los huesos, así comprendieron por primera vez, que el cumplimiento del deber, a pesar de ser correcto, no siempre es satisfactorio.

Diez minutos después, el cuarto quedó desierto, el mutismo era acompañado eventualmente por el rechinar de las puertas de aquella habitación, las que se abrían y se cerraban golpeadas por el escaso viento de diciembre, que cruzaba aquel antiguo edificio, como buscando alguien con desespero.

Entre enfermeras, doctores y pacientes moviéndose por el lugar, una silueta masculina caminó hacia el cuarto e irrumpió de pronto en él. Sigilosamente ingresó hasta quedar lo bastante cerca de la pequeña, dejó en una mesa contigua un libro plateado que llevaba consigo; sin perder la tranquilidad y respirando profundamente, acarició con sus ásperas manos la cabeza de Isabelita, seguidamente se inclinó con cuidado sobre su frente, y le regaló un tierno beso de despedida, era algo que ambos necesitaban sentir, desde hacía ya mucho tiempo.

16 de marzo de 1999

En la pizarra central del departamento de producción, en el laboratorio de control de calidad de la planta de camarón MAXSHRIMP S.A., se podía leer aún la leyenda laboral, "el grupo de Orlei Lucas y el de José Ramón Sancan, deberán encargarse de la carga que llegará en los camiones FF provenientes de Muisne - Esmeraldas".

En medio de otras ocupaciones de preparación, se dio un hecho incomprensible para quien se creía el mejor empleado de aquella empresa.

- José Ramón...psssss, oye loco te llama el jefe.- Un compañero de trabajo le hizo notar al joven capataz, los ademanes y gestos que desde un balcón le hacía enérgicamente un estropeado viejecito, casi que con desesperación.

El muchacho al percatarse de aquello, dejó lo que estaba haciendo y corrió hacia aquel lugar.

- Si señor, ¿me llamaba? – preguntó agitado.

- Pasa José, necesito hablar contigo- le dijo el anciano.

- ¿Que sucede don Fernando? - José Ramón notó el tono apático con el que el senil hombre lo recibió, que distaba mucho del hombre jovial y amigable de siempre, especialmente en el trato al personal de planta.

19

- Siéntate muchacho- y continúo diciendo: Recibí indicaciones de la Junta Directiva... Mijo, tu sabes cuánto te aprecio, ¿verdad?

- Si, yo lo sé – le dijo un tanto agitado el muchacho.

- Estoy enterado de tus problemas familiares, tus conflictos personales, de todo tal, como si de un hijo mío se tratara.

- Mire jefe, todos aquí sabemos lo buena gente que es usted, y el malestar que le causa cada despido, ¿es esto lo que me trata de decir?

- Así es José...así es- le dijo el anciano cabizbajo y dubitativo, casi sin poder contener las lágrimas.

- Tranquilo don Fernando, no se angustie, esto estaba juzgado, pasa todos los días y a cada rato, cruzando la calle, a mi izquierda, o derecha, no existe una empresa en donde esta historia, no sea el pan de cada día.

- Que te puedo decir José, no me atrevo ni a mirarte, traté de defender tu puesto pero...

- Ya le dije jefe, mejor no diga nada.

Y comprendiendo la angustia del pobre viejo, el joven subalterno se acercó a su superior le estrechó la mano con fuerzas, recogió del escritorio adyacente un par de libros dispuestos frente a su bolso, los guardo en él, y sujetándolo de la correa con el nombre de la compañía, abandonó su puesto de trabajo dirigiéndose al patio de recepción de mercadería.

<< Cuatro años y medio>> dijo en voz baja el muchacho:- para unos es poco, para mí los suficientes, es más, cuando llegué aquí, me trataban como el "gil" de

control de calidad, ahora dentro o fuera de la compañía, soy el ingeniero Sancan, el técnico en calidad para productos intermedios y sistemas de producción continuos – se decía con firmeza, intentando a como dé lugar recuperarse emocionalmente por el anuncio de su despido.

En la garita de salida, sus compañeros de trabajo en una escena enternecedora, se despidieron de él; dado que ninguno vivía en la misma ciudad, era improbable que se volvieran a ver, así que aprovechó al máximo ese momento y les agradeció por el compañerismo demostrado, y por todo lo compartido durante aquel tiempo laboral.

En uno de sus pocos actos desinteresados logró persuadir a su mejor amigo Vladimiro para que lo acompañara al estacionamiento, tenía una obligaron moral para con él, así que juntos tomaron aquella dirección.

Cuando llegaron, se detuvieron junto al moderno Ford Explorer plateado de su propiedad, accionó la alarma en su llavero, y después de escuchar el "vip...vip" y de observar los seguros del vehículo subir, abrió la puerta del lado del conductor; se tomó un par de minutos para tragar fuerte, y recuperar el ánimo suficiente para decir una verdad que podría no gustarle a su compañero, el que lo miraba extrañado, pero con tristeza. Voluntad en mano, José Ramón giró su cuerpo en sentido frontal hacia su yunta, al que con firmeza y energía le dijo:

- Tal y como van las cosas, es muy seguro que el próximo en irse seas tú, sé que lo tomarás con calma, pero como amigo tuyo necesito estar seguro de eso, por tanto necesito que me hagas un favor.

- Dime José, lo que tú quieres – replicó Vladimiro.

- Pues bien, necesito que me prometas que saldrás avante ante cualquier circunstancia, creo en tu palabra, así que me basta que me lo digas, aquí y ahora – lo dijo mirándolo fijamente a los ojos.

- Hermano, hemos superado cosas peores que esto, ¡recuerdas!, pero está bien, TE LO PROMETO, saldré adelante ante cualquier vicisitud, siempre venceré.- terminó diciendo con lágrimas en sus ojos.

- Bueno, amigo, entonces puedo irme tranquilo, sé que tendrás ante la vida la posición correcta, no más, ni menos, sino la justa, la misma que ahora yo estoy teniendo, este mal momento es pasajero, te lo aseguro, esto sucede por algo mejor, ten presente lo bueno de todo lo aprendido en nuestras "reuniones", en toda circunstancia el camino correcto está siempre hacia delante, por más borrascoso que sea o muy duras las personas se muestren, mira solo adelante, para atrás nunca, ni pa' coger impulso - dijo finalmente.

Vladimiro, quien sufría de depresiones profundas por traumas de su niñez, tenía en su haber algunos intentos de suicidios, de los que José se enteró en las terapias psicológicas que ambos recibían, por esta razón, el muchacho buscó la forma de comprometerlo en una promesa que sellara su amistad por siempre, la que efectivamente se mantendría a través del tiempo y de los problemas que cada uno tendría en sus caminos.

Enemigo del adiós, José Ramón extendió su brazo con seguridad, el que fue aceptado de la misma forma por su amigo, quien emocionado lo abrazó sin prejuicios, ni vergüenza, como muy poco se puede ver a dos varones hacerlo sinceramente.

Al apartarse Vladimiro, José subió de inmediato a su coche, bajo el cristal con película anti solar de su ventana, y sin mirar hacia atrás, arrancó el vehículo con dirección a la compuerta de salida. Ya en la carretera, tomó la avenida principal, la más larga, que lo llevó a ningún lado con facilidad, allí se desmoronó bruscamente, cediendo espacio a la soledad y el olvido.

13 de enero de 2000

Había unas cuatrocientas personas reunidas en aquel sitio ese día. Eran las antiguas instalaciones del Banco Central de Manta. El edificio fue comprado por un grupo económico que lo transformó en una moderna edificación bancaria, la que funcionó por un breve período, pues así como otras muchas entró en liquidación forzosa por mal uso de los depósitos del pueblo o por lo menos eso era lo que se escuchaba decir por allí.

Todos esos "clientes" la abarrotaban ante un comunicado emitido por la entidad interventora, que supo señalar la devolución en especie del total de los depósitos congelados o perdidos.

-Oiga… amigo, esta es la décima vez que vengo, atiéndame, no sea malito- se expresaba con humildad, a uno de los encorbatados representantes de la mencionada entidad, un pobre campesino situado delante de José Ramón.

Él mientras tanto, optaba por buscar otra alternativa estratégica que le permitiera salir de aquel tumulto, pues el pequeño sitio de atención, se había transformado en un verdadero baño sauna. Fue así que ante tanto y tanto, cambió las súplicas y la sencillez por la chabacanería y la frontalidad.

-¡Hermano! que hubo loco, cómo va la cosa, todo bacán, psssss ¡ya ni te acuerdas de los panas...no!- decía José Ramón sugiriendo familiaridad, aunque sin estar totalmente convencido de que esto funcionaría.

Quince minutos de insistencia y...

- ¡Ok! El de camisa roja por favor, Venga para acá- dijo el ejecutivo.

- < Increíble>> pensó el muchacho - funcionó.

- Su identificación por favor - pidió el dependiente.

- Como no, aquí la tiene - y se la entregó presuroso.

- Ya, Mmmm, si, bien, todo correcto, por favor me firma usted por aquí y por acá, en la línea punteada me pone el número de cédula...

- Disculpe jefe, ¿Y qué cosa es esto? - preguntó José Ramón.

- ¿Cómo? Esto amigo, es un documento que lo acredita a usted como un sujeto que dispone de recursos monetarios y en dólares, hasta por el monto suscrito en la casilla del valor.

- ¿Pero de qué sirve?

-¿Cómo que de qué sirve?, de mucho, pues allí está demostrado que usted tiene dinero, y que dispone de él, así en estos momentos, no lo pueda retirar.

- ¿Pero qué puedo hacer con esto?

-Bueno por ahora nada, pero de seguro alguien del gobierno recomendará muy pronto los usos y desusos para este papel importantísimo.

Luego, de la misma aleatoria y repentina forma en la que lo llamaron, sin darle opción a más cuestionamientos, aquel hombre se levantó y gritó a escasos centímetros de la oreja de José Ramón; "Usted el de camisa verde", a esto, una marea humana se abalanzó presionando hacia la ventanilla de atención, por lo que el muchacho apachurrado entre todos los que portaban camisas verdes, prefirió hacerse a un lado y regresar a su hogar.

Al salir del edificio no pudo resistir el tratar de entender con todos sus sentidos, que era lo que había sucedido en aquel lugar.

-Yo vine por dinero, ¡por mi efectivo!... y...que... - no terminó la frase, la rabia lo invadía, no sabía qué hacer con ese papel, miraba hacia las nubes constantemente, quería encontrar en el cielo una fórmula que le permitiera afrontar el desempleo o la forma de superar la escases de oportunidades en negocios prósperos.

<<Todos los buenos negocios ya fueron adquiridos por alguien, no me queda nada por hacer>> Se decía totalmente deprimido.

Este no era un pensamiento aislado en José Ramón, él siempre se las ingeniaba para mantener este tipo de ideas en su cabeza, de ser posible en suma, unas diez horas al día. En este caso esa jornada fue especialmente negativa para él, pues mientras caminaba, escogía inconscientemente ser parte de su propia involución social, en menos de dos cientos metros, sus decisiones dominantes lo arrastraron sin compasión desde la clase medio baja que ostentaba, a la clase preponderante de aquellos tiempos, es decir, se convirtió por voluntad propia en uno más de los pobres del país.

-Bueno, en el último de los casos yo podría aguantar, ¿pero mi hija?, a ella que le digo, ¡qué no hay leche!, ¡qué no hay frutas!, ¡qué no hay pañal! que solo tengo un documento pendejo lleno de firmas, que para estos momentos de nuestras vidas esto, y el papel higiénico sirven para lo mismo, ¡pues NO!, ella no tiene por qué sufrir ¡carajo! – se limpió un par de lágrimas que le rodaban por su rostro, y caminó hacia la parada de autobuses del lugar.

Pasaron uno quince minutos y su colectivo llegó. Cualquier unidad de la línea 10 lo dejaba lo más cerca posible de su nuevo apartamento, el que debió alquilar en respuesta a las circunstancias monetarias que le aquejaban.

Se subió como de costumbre, (es decir aún con el vehículo en marcha), ya dentro, revisó uno a uno los asientos buscando un espacio libre en donde poder descansar sus ideas. Al fondo del pasillo encontró lo que buscaba.

En la primera butaca situada de izquierda a derecha se sentó.

Generalmente aquellos puestos de bus en esta urbe, se lo disputan la escoria de los usuarios que suben a diario. Desde allí, es más fácil molestar al tranquilo, morbosear a la que está cerca, escupir al más gil, insultar al más lento o cualquier otro tipo de mangajadería; en estos asientos todo está permitido.

El muchacho tenía la cabeza atiborrada de sentimientos encontrados, por eso, no había notado que junto a él una simpática trigueña le sonreía desde que se sentó. José, perdido en su realidad, dejó pasar sin importarle las variadas piruetas que aquella muchacha inventaba con el fin de llamar su atención. Mientras sus grandes ojos verdes se escondían tras el baile de unas encrespadas y preciosas pestañas, sus piernas sugestivamente y de forma continua, cambiaban de posición jugueteando al cruzarse entre sí, en tales movimientos, arrastraban en su travesura a la pequeñísima falda roja, la que entre giro y giro se recogía dos centímetros más de su objetivo moral, en un punto en el que se observaba lo justo como para alimentar la imaginación de los babosos, momento también, en el que las manos de la muchacha, contrarias a la coquetería, sujetaban primero y luego situaban en el sitio correcto, al inquieto y escurridizo pedazo de tela.

<<Dios le da barba al que no tiene quijada>> pensó la chiquilla, pues ninguno de aquellos insinuantes ataques con los que pretendía llamar la curiosidad del muchacho funcionó, nada podía romper el trance emocional en el que José Ramón se encontraba inmerso.

Un jovial acomodador, experto en el manejo del lenguaje vulgar, se acercó gritando por el estrecho pasillo del colectivo:

- ¡Pasaje a la mano!

En la última fila empezó el murmullo ante aquel anuncio, se notó un agrupado movimiento hurga torio de bolsillos. Para casi todos los pasajeros de aquella butaca, era un verdadero sufrimiento la hora de pago, pues o no contaban con el dinero o lo tenían incompleto.

- Un momento por favor - pidió José Ramón, mientras buscaba cinco centavos que le hacían falta, y que se hallaban escondido entre un bultillo de papeles dentro de su billetera.

Aquella chica utilizó entonces el último recurso que tenía para lograr captar la atención del muchacho.

- No se preocupe, aquí tiene de los dos – dijo la joven.

José Ramón, la miró inquieto y refunfuñando exclamó:

- ¡No se moleste, aun no necesito caridad! – y habló con el oficial del colectivo diciéndole: – a la vuelta te doy lo que falta.

El joven acomodador aceptó, y se retiró por donde vino.

En el rostro de la muchacha se pudo notar el cambio deprimente producto inconsciente de aquel desplante.

José que había reaccionado en forma equivocada ante la amabilidad de la joven, comprendió lo malo de su accionar, y luego de una reflexión de conciencia propia en él (lanza primero la piedra y luego pide perdón), decidió enmendar lo hecho:

- Mil disculpas... es que no he tenido un buen día, y... - dijo sonriendo.

- Si, ya me di cuenta - respondió la muchacha de manera cortante, moviendo un par de libros de Economía por encima de sus piernas.

José recibió lo que merecía y lo asimiló con inteligencia, además noto a su parecer, que esta joven lo miraba con un especial interés, aprovechó esta coyuntura para enmendar su actuación, pero excluyendo la intención de iniciar relación alguna.

José Ramón empezó a hablarle casi por inercia. Un chispazo mental en forma de corazonada iluminó sus sentidos y lo compartió inmediatamente con la muchacha. Fue como su forma de compensarla, lástima que lo que expresó abiertamente para todos allí, no lo guardó como herramienta de salvamento para él.

-¿Es universitaria? – preguntó.

- Así es… ¿Por qué?

- Mire, sé que no me ha pedido consejo, pero me siento comprometido a hacerlo, por tanto le voy a regalar una sugerencia que de seguro le va a servir durante toda su vida, si es que desea hacerlo obviamente. – le dijo regalándole una sonrisa carismática.

- OK, te escucho- respondió la joven, ahora más tranquila.

- No malgaste su tiempo en lugares en donde no pueden enseñarle como llegar al éxito.

- ¿Cómo, a qué lugar te refieres? – interrumpió la joven.

- Escúchame primero, después por ti misma sabrás cuáles son esos lugares – sonrió nuevamente.

- ¿??????????

- Lo primero que debes saber de estos sitios es lo común que los asocia, eso que los une por defecto.

- Y como que cosa es… - interrumpió nuevamente.

- Sencillo, todos ellos impulsan "la pérdida de tiempo" a partir del desgaste cerebral que entra por los ojos, es lo que los niños de escuela llaman, el quemarse las pestañas, que en estos sitios es intensivo, tanto de día como de noche, adquiriendo pura y neta materia prima a través de textos o de libros, pero sin adquirir la fórmula de transfórmala en el éxito esperado. Lo peor de todo es que aun cuando asististe en busca de orientación a estos lugares, creíste encontrarla ante la recomendación del estudio de información general, cuando lo que necesitabas era información específica, la que lamentablemente, nadie o casi nadie te la podía entregar allí.

Como veo en tu cara que ya sabes cuáles son los lugares de los que te hablo, me proyectaré a tu futuro inmediato después de culminar con "honores" tu educación. Justo al dar el primer paso en busca de tu consagración laboral, te percatas de que efectivamente has botado indiscriminadamente cinco preciosos años en tu corta vida, ¿Con qué objetivo? ¿Con qué resultado? ¿Para qué te sirvió lo aprendido?, te lo diré: para salir a engrosar la gran lista de desempleados del país.

- Bueno eso no es lo que me enseñan – respondió un tanto molesta la muchacha.

- Dime algo nunca te dijeron que para llegar a tener éxito "jamás debes de hacer lo que otros hacen".

- Alguna vez... ¿Creo?, ¿pero a qué viene todo esto señor? – ahora si preguntaba molesta.

José Ramón sin prestar atención a la inquietud, continúo exteriorizando un criterio formado en base a su experiencia de vida.

- No debes hacer lo mismo que los demás – repitió - allí radica el verdadero secreto del éxito. Quiero ser gráficamente lo más claro para ti, por eso necesito que imagines lo siguiente; CINCO MIL egresados en tu misma rama a nivel nacional, todos dispuestos a "matar o morir", a realizar o hacer "lo que sea necesario" para obtener el mismo puesto de un anuncio de periódico dominical, o el mismo puestico en aquella empresa en donde al parecer una luz tintinea débilmente en el camino, la que te ofrece un horario de trabajo de medio tiempo, en un pequeño puesto, que inevitablemente terminará por irse justo cuando te habías aferrado a él.

- Bueno, tiene algo de lógica su postura – le comentó la muchacha ahora intrigada.

- Más que lógica, esto que te digo está lleno de verdad, toda esa cantidad de información es como haber comprado un avión a escala para armar y descubrir que dentro de la caja te llegaron instrucciones para armar un auto. Usted necesita otro tipo de información, de aprendizaje, algo que le permita desarrollarse en el ámbito laboral propio, ¿Por qué?, porque la vida de los negocios, es distinta a la vida de los trabajos, ¿Aun no me cree?

-Pero es que todos no podemos tener negocios, algunos nacimos para trabajar en empresas – le dijo muy segura.

-No… no es así, esto es lo que la sociedad te ha hecho creer, por eso existen muy pocos hombres, mujeres o empresas con éxito, porque a ellos acuden los mejores cerebros a resolver sus problemas, a trabajar por ellos, y por último, está bien, pero yo deseo que usted sepa lo que le espera.

- ¿Pero entonces para qué están los profesores? ¿Las universidades de que sirven? – preguntó la joven.

- Nadie tiene la culpa, entiéndame eso, todo es parte de la estrategia de los grupos económicos que supieron hacerla trascender hacia nosotros, por eso es que los padres durante la crianza de sus hijos, les inculcan el sembrar esperanzas en un sitio que solo les puede dar como te dije, cosas generales. Mis padres como muchos otros me decían, estudia para ser el mejor, así podrás tener el mejor puesto en la compañía grande… Pero, ¿Por qué no me dijeron, o no nos dicen?

Esfuérzate y estudia, pero a su vez experimenta la vida de verdad, la que está fuera de las aulas, para que con ello TÚ TE TRANSFORMES EN LA EMPRESA GRANDE, ¿quién dijo que la mayoría solo servimos para ser empleados?, ¿quién dijo que nosotros no podemos generar empleo? ¿Dónde está escrito esto?, pues en ningún lado, por eso es que tenemos que alterar este orden.

- ¡Por qué crees que sucede esto? – le preguntó la muchacha a José.

- Estoy seguro que esto sucede porque nuestros ejemplos de vida hacen lo mismo que nos piden hacer, tenemos gente que pretende enseñarnos el camino del éxito, cuando ellos no lo han podido alcanzar. Dime, si esto es mentira, si no es una falacia, entonces, ¿porque la mayoría de nuestros profesores no son gente de éxito? ¿Cómo es que enseñan algo que ellos mismos no pueden realizar? Piensa además en tus mentores, toda aquella persona que te inculcó o motivó a ingresar a los centros de enseñanza superior, ¿Acaso ellos si son gente exitosa? ¡Te aseguro que no lo son! Y lo peor de todo es que nunca terminan de aparecer más profetas del éxito en tu camino, no sé de donde salen, solo sé que salen. Entre los más comunes que te encontrarás, están dos tipos de fracasados hipócritas que resaltan del montón, ambos tipos están al mismo nivel de mediocridad: los unos que al ser espiritualmente exitosos creen que la prosperidad no es necesaria, e incluso la consideran un pecado, y los otros que siendo económicamente exitosos pretenden comprar el alma de los demás, creyendo que no necesitan el éxito espiritual, ambos están equivocados, tú en tu vida debes tener abundancia de los dos, es la única forma de vivir en armonía contigo mismo.

- ¿Entonces que debo de hacer? Dime más – pedía la muchacha con interés.

- Esa mi estimada amiga, es la pregunta más difícil de responder, mira la triste realidad de este tramposo círculo vicioso que se mueve dentro de casi toda la industria capitalista, es que toda necesidad requiere una acción inmediata, pero no puede existir reacción positiva cuando los escasos rasgos de movilidad que tienes, fueron adquiridos en uno o dos talleres académicos.

- Mmmm

- En palabras simples para poder trabajar requieres experiencia, pero para tener experiencia debes primero trabajar. Gracioso ¿No?, ese es el mayor de los absurdos. Pero vayamos un poco más allá, supongamos que te palanqueaste, consigues el puesto que siempre quisiste, demuestras que tus excelentes calificaciones no fueron una casualidad y que tu maestría junto a tu don de gentes te convierten en una súper empleada, leal e incondicional ante toda circunstancia, consigues promociones de puesto, te premian, te ensalzan y justo cuando estas a punto de tocar el cielo con las manos, sucede que el ciclo normal de la vida escoge tu tiempo para hacer su gracia, de pronto el mundo se estremece y haciendo malabares revienta con un estruendoso sonido ¡Pum! destrozando en minúsculas partículas la economía de tu país, ¿Qué crees que sucederá? ¿Para qué crees que te servirán tus títulos y logros al servicio de otros? , pues para nada. Los ricos son ricos, y siempre deben serlo, ellos no están dispuestos a dejar a un lado su estatus, por mantener el de otros, así el de estos otros sea irrisorio en comparación al de ellos, en el preciso momento del descalabro, toman cartas en el asunto y reducen costos alegando reestructuración, empezando como siempre por los mandos medios, dejan a los gerentes y supervisores, y se desprenden de los jefes o aquellos que ocupen posiciones jerárquicas similares, en este ejemplo ese puesto serias tú y deciden prescindir de ti, y de tus servicios. Rescindir el contrato del "estudiado" y su maravillo puesto intelectual, el que se lo darán al informal que sigue en la escala organizacional, ese que nunca se graduó de bachiller pero sabe tu trabajo, ese que laborará como esclavo percibiendo al menos la tercera parte de lo que tu recibías. Dime entones ¿No te parece demasiado irresponsable poner tu vida laboral en las manos de otra persona?, Si así lo decides, debes tener presente que siempre estarás en el paredón de fusilamiento, y la orden de ejecución estará a disposición de los dueños de las empresas, los que cuando ya no te necesiten, darán la orden de disparar sin contemplaciones y así, "perecerás" laboralmente.

- ¿?????????

- En alguna ocasión leí que uno de los hombres más ricos del mundo renegaba de sus estudios, se vio obligado a abandonarlos después de rehusarse a dar exámenes o asistir a clases que no le interesaban, cuando escribió su biografía expuso lo siguiente con respecto a esa experiencia de su vida: "un ticket para el cine sirve más que un título académico, pues con el primero por lo menos inmediatamente después de obtenerlo se disfruta de una función de película, en cambio con el segundo no estoy tan seguro que entraré a la función de mi vida" (Soichiro Honda). No digo que aprender sea malo, lo malo es pretender que todo a tu alrededor circule y dependa de ese simple cartón. Mira lo que sucede ahora, no hay vacantes, no hay dinero, o si lo hay, te sirve de menos, todo es una maraña con la cual los empleos se convierten en el producto más escaso y deseado, por tanto "debes cuidarlo" y si te pisotean debes sonreír y agradecer, ¿realmente no te parece que algo anda mal? Pero de todos modos somos tercos, casi nadie decide aprender de estas experiencias, incluso existimos personas que desoímos nuestros pensamientos y trabajamos de forma errónea con el único objetivo de ahorrar para un futuro mejor como dicen la mayoría de los comerciales de tv, lo triste del asunto, es que nunca nos dijeron "POR EL FUTURO DE QUIEN", no sabíamos que financiaríamos casas en Miami, o negocios en Asia. Después del descalabro, mi generación entendió que el futuro de quienes hablan en los libros y esas propagandas, eran quienes manejaban nuestro dinero, o para los que trabajábamos. Mírame ahora, soy una piltrafa de hombre, uno que no puede usar su propio dinero. Hágame caso, busque por otro camino, ni en los colegios, ni en las universidades, están las respuestas al éxito que su vida necesita. Busque fuera de ellas, en los mercados, en la calle, tenga sus propios objetivos, apunte alto, piense en grande y las respuestas que la vida le dará, también serán grandes – esto último José Ramón lo dijo ya de pie, el joven había llegado a su destino, por lo que al grito de "parada chofer" se bajó violentamente.

Rumbo a su casa olvidó de inmediato aquel mensaje, y prefirió perderse en la negatividad de sus nuevos pensamientos. Pegajoso en sudor y sucio de polvo hasta el cuello, procedió a martirizarse con recordatorios mentales de su hermoso pasado, los carros que había perdido, las cosas que tuvo que vender, los amigos que dejó de frecuentar, los lugares a los que dejó de asistir, en fin toda la seguridad que se disipó, al perder su relación íntima con el dinero.

A dos cuadras de su departamento, comenzó a fijarse con detenimiento si la propietaria de su cuarto no se encontraba merodeando por el lugar, a la caza de los inquilinos morosos, así que sigilosamente y con el perímetro cubierto, se coló por la puerta de entrada y velozmente pasó a su departamento.

Las costumbres de José Ramón eran de cuna de oro, y muy a pesar de no contar con el dinero suficiente para su subsistencia, tenía como buen capitalista pretencioso, señora de servicios y niñera, la primera por cinco años y la segunda que ya lo acompañaba por tres, ambas, al verlo llegar se le acercaron a saludarlo, pues el patrón, siempre ha sido un tipo agradable, aunque ahora sea chiro.

Magdalena intentaba hacer dormir a la pequeña bebé, pero el papá se lo impidió al tomarla dulcemente por los hombros, empezó a besarla por el cuellito regordete y la cargó en sus brazos por toda la casa. La sangre llama a la sangre, y la niñita se desesperaba por sentir a su padre, gemía, lloraba, gritaba, se reía, hacía de todo por idiotizar a su querido progenitor, lo que siempre conseguía con facilidad, José Ramón la llevó hasta su cuarto y perdidamente engreído con ella, dejó a un lado sus prejuicios y problemas, entró en un estado de calidez paternal, y una vez que su hijita se durmió, la acompañó imitando la acción.

Al día siguiente muy temprano por la mañana, José Ramón se levantó lleno de renovadas energías y listo para vencer al mundo.

Sin despertar a su pequeña hija, le acarició el rostro, la besó con ternura, miró el reloj despertador ubicado en su velador izquierdo y sigilosamente salió de su cuarto. Luego y como todos los días, le recomendó a la servidumbre un especial esmero en el cuidado y protección de su hija, después se dirigió al baño social, se aseó y se vistió con prontitud para intentar alcanzar en la arteria principal de la ciudad, a Gabriel Monje, uno de sus ex compañeros universitarios, quien ostentaba una instrucción Máster en Administración de Empresas y Negocios Internacionales obtenida en los Estados Unidos de América, además de contar con una vasta experiencia laboral para sus 25 años de edad. Su fuerte eran las estrategias de comercialización internacional, el manejo de documentos de crédito y de pagos, razones sufrientes para que José Ramón acudiese a él por asesoría, por instrucción en la negociación o funcionamiento del dichoso certificado de depósito.

Parado a un costado de la franja de protección para peatones esperó casi media hora, hasta que por fin lo divisó. Cuando el semáforo cambio de amarillo a rojo, aprovechó para cruzar corriendo la calle y alcanzar el vehículo de su amigo. Se le acercó velozmente y le hizo señas para que le abriese la puerta del carro; el joven conductor sonrió y procedió a hacer lo que José le solicitaba. Una vez dentro del automotor, se saludaron efusivamente, y aprovecharon el trayecto hacia el trabajo de Gabriel, para intercambiar experiencias acerca de los eventos acaecidos en ambas vidas, durante el tiempo en el que no se habían visto. Aun cuando los hechos de cada uno eran polos opuestos, Gabriel se mantuvo impávido e inconmovible con las desgracias del muchacho, solo la precaria situaron económica por la que estaba atravesando le llamo la atención, y era claro, pues el muchacho era un digno exponente, criado y entrenado por la casta materialista.

Finalmente y manos a la obra, llegaron al punto caliente de su reunión, Gabriel fue claro y conciso, le sugirió la receta que en algún momento a su familia le aseguró el porvenir. El joven muchacho escuchó con detenimiento a su "exitoso" amigo, de tal forma que salió con ideas en firme de lo que podía hacer por su futuro.

La participación de su amigo fue decisiva y mucho más perceptible de lo que otras personas pudieron haberlo sido, era la solución a sus problemas, y se reprochaba no haberlo pensado antes, tal fue su emoción, que jamás tocó el tema del certificado de depósitos, y se concentró mejor, en aquella otra hoja de papel que su amigo le entregó, en la que un número de teléfono y un nombre, eran la fórmula para hacer brillar por fin el sol en su ventana.

José Ramón le agradeció a Gabriel por sus consejos, y partió repleto de esperanzas.

En su casa, el muchacho se dirigió motivado al cuarto de su hija, la encontró dormida, sin molestarla, salió hacia la sala. En el sofá se recostó y girando su cuerpo hacía un costado, sacó de uno de los bolsillos del pantalón la hoja de papel que su amigo le había entregado, la leyó, y cubriéndose el rostro con sus manos se dijo: - lo tengo que hacer.

En la tarde de aquel día, la señora del servicio, recogiendo la ropa de su patrón, encontró botado un papel en el suelo, estaba cerca del sofá, debajo de una mesita de centro que conformaba la pequeña sala de la casa, al mirar el contenido de ambos lados, notó que algo se encontraba escrito, mas retorciendo la boca como quien dice "que importa", al tacho de la basura lo arrojó. Magdalena, que se encontraba de frente corrió impetuosamente e inquieta a recoger el papel, no sin antes reprimir a la señora diciéndole:

-Ve, oye, que te pasa, no seas inconsciente, tú sabes que el señor se molesta cuando le votan sus documentos – y se acercó a recogerlo.

-Mira no seas ridícula que por ese papel sucio no se impacientara en lo más mínimo – contestó la señora.

-Papel sucio o no, aquí hay un nombre y un número de teléfono, y de algo al patrón le ha de servir – concluyó Magdalena.

En otro lugar de la ciudad, como resultado de una larga conversación telefónica, con el hombre que suponía ser la solución a los problemas de José Ramón, el muchacho había entrado en un conflicto mental.

<< Tendría que dejar todo lo que tengo aquí en Ecuador>> - pensaba.

Fue tan inesperado lo que escuchó, que el diálogo interno comenzó a fluir con mayor intensidad ante sus incontables preguntas y respuestas:

-¡Bah! Y que tengo… no tengo nada, ¿Qué perdería? ¡Nada, por supuesto! ¿Entonces qué me detiene? ¡Debería estarlo haciendo ya!

La parte indecisa de su cerebro, más los sentidos desarrollados por la crisis, le hacían reflexionar la idea, por lo que cambiaba repentinamente de posición diciéndose:

–No, no, ¿qué sería de mi hija?, ¡eso es lo que tengo! No puedo dejarla sola, además ¡no tengo con quién dejarla! ¡Hepa¡ ¡Hepa! Así tuviera con quien, ¡ES MI HIJA! No puedo abandonarla…

Y así el muchacho se pasó pensando durante muchos días. El martirio se propagaba hasta sus noches, en donde el sufrimiento producto del pensamiento de abandonar a su hija le robaba el sueño, por otro lado la incertidumbre laboral y su situación económica se agravaban. El muchacho estaba a punto de llegar al mismo lugar de dolor, en el que los grandes hombres de la historia han caído para elevarse como el ave fénix, ese punto en el que su otro yo, los levantó a luchar con mayor fuerza y determinación en busca de sus metas definidas, y simplemente convertirse en los mejores exponentes de sus áreas. Pero José Ramón escogió el otro camino, se rindió. La idea de seguir alimentándose tan solo una vez por día lo atormentaba. Jamás encontró consuelo, no encontraba ayuda, no sabía que pedir, donde buscar o por dónde empezar, la nada había invadido su corazón y no podía ver, que todas las respuestas se encontraban simplemente dentro de él.

La gota que derramó su desilusión, le llegó acompañada con música de amor, libertad y deseos de buena voluntad. El tiempo pasó de prisa y se burló del muchacho. La fiesta consumista más grande del planeta, esa época en la que la austeridad y la pobreza monetaria son sinónimos redundantes del ser miserable, esa vara que la sociedad te entrega para saber exactamente cuan bajo estás, terminó de liquidar sus esperanzas. El no poder llevar "la cena digna" y un costal de juguetes a su hogar, enloqueció de ira al joven. Cada risa, bullicio y algarabía de los niños vecinos abriendo sus regalos, terminó de partirle su acorazado corazón, el que se desgarró en llanto con la negación del panadero de la esquina, quien no le quiso dar un dulce fiado para su hija, por esa "deuda" que aún mantenía desde noviembre.

Fue así, como en aquella víspera de navidad, José Ramón empezó un largo viaje, un éxodo, que jamás se debió consumar.

Una de las cosas características y particulares de los países situados en la línea ecuatorial, es que durante la estación seca o de verano, la insolación es más prolongada que en los tiempos de invierno, cuando el sol calienta perpendicularmente, provoca dolorosas quemaduras a quien se expone sin protección, especialmente en las horas posteriores al medio día.

Pues bueno, durante ese mismo período de tiempo, José Ramón fue citado por el misterioso hombre del papel, le pidió que lo aguardase en el parqueadero principal del malecón escénico, en su misma ciudad.

No hubiese habido ningún problema, si el susodicho individuo se hubiere aparecido a la hora fijada, quizás inclusive hasta media hora después, pero tres horas tarde, ¡Ufff!

Tostado por la inclemencia del astro en aquel día, el joven muchacho decidió retirarse, ya no aguantaba un minuto más. Al dejar el terreno citado, José Ramón resolvió ir a una central de cabinas de teléfono, para contactarse nuevamente con el señor, y asegurarse de haber entendido bien los datos proporcionados. Ventajosamente, subiendo la loma junto al Coliseo Cerrado encontró lo que buscaba, marco el número de teléfono y esperó ansioso una respuesta a su llamado.

-Aló, dígame en que le puedo ayudar – le contestó la misma voz con acento colombiano que los días anteriores.

-Oiga señor Perea, soy yo José Ramón, el amigo de Gabriel, lo estuve esperando acá, pero no se apareció, deseo saber si es que yo entendí mal las instrucciones – le dijo el joven.

-No hermano es que usted no sabe una bronca verraca que nos jartó, disculpé no más usted es que andábamos con un lío aquí de oficiales que ni le cuento, de vez en cuando pasa esto, y cuando nos cogen limpio nos toca es tragárnosla, pero vea hombre, papá lindo, ¿en dónde te encontrás?- le preguntó.

- Nada, estoy más arriba de donde quedamos, si quiere me regreso para donde estaba.

-Para nada viejo, dime exactamente donde estás que vuelo.

-Mira pana estoy junto a la pastelería, sobre la avenida 22 y la calle 15.

-Ta' bueno hombre, hay te caigo en cinco.

Efectivamente, el extranjero llegó al lugar y dialogó por varios minutos con José Ramón, le comentó sus modos operandum y la forma en la que debía ser entregado el efectivo, con cada palabra el ecuatoriano se despistaba más, no por distraído, sino por miedo a lo desconocido, este temor le graficaba gratuitamente imágenes futuras de peligro inminente, este peligro era el que provocaba las distracciones del muchacho. El colombiano muy "profesional" fue claro y conciso, le comentó el cronograma de la operación, el costo y los beneficios que tendría al llegar a su destino.

-Cinco mil a la salida, y cinco mil cuando pases la frontera, como ya tienes trabajo, el 25% del sueldo es para nosotros, no te pases de listo, que acá se queda tu familia, pilas hombre, entonces, aquí está el sitio donde me debes de hacer el primer depósito si te decides, el próximo miércoles a las cuatro de la madrugada hay una salida, eso solo depende de ti, o si lo deseas, cada ocho o diez días tenemos frecuencia, siempre el barco sale de dos sitios, San Mateo o Santa Marianita, no hay un puerto tercero, para esto un camión plateado Mack, Mercedes o Ford te pasará recogiendo por tu casa, eso sí con dos horas previas. No lleves mucha cosa, mientras menos peso, mejor, ¿alguna pregunta?

-... no señor ninguna.

-¿Seguro? Mira que después no hay devolución - afirmó el coyotero.

-No señor todo está claro- con lo que la reunión se dio por finiquitada

Al rato se despidieron, José Ramón continuó su camino, y partió hasta una de las fábricas de la ciudad, en donde tenía un trabajo eventual, cada vez que el aguaje resultaba bueno.

Quince dólares fue el pago por sus servicios durante esas dos horas, nada mal pero nada seguro tampoco.

<<Hoy el sol esta picado>> dijo para sus adentros mientras esperaba el bus junto al viejo parador sin techo de la 105.

<< Que jornada más agotadora >> pensó – mientras recordaba a su vez, la reunión que tuvo con el coyotero.

Bastaron diez minutos, para que el penetrante sol terminara de exprimir hasta la última gota de agua del cuerpo del muchacho; como si esto no bastara, el cansancio mental le vino a jugar en contra provocándole fugases mareos.

Decidió entonces, pasar la calle y recostarse a un subdesarrollado algarrobo, hasta que su bus pase. Este arbolito tenía apenas dos o tres ramas mal formadas y semi pobladas de hojas - una es mejor que ninguna – dijo él – y se juntó al madero en sentido opuesto al sol.

Faltan cinco minutos todavía – pensó – así que dispuesto a una corta siesta, cerró sus ojos.

A ocho días de la salida pactada, el muchacho sufría una crisis de conciencia insondable, la presión a la que se estaba sometiendo por tener que dejar a su hija, era complicada de asimilar, más aun cuando al contactar a sus hermanas y plantearles el caso, le sobrevino el primer inconveniente al escuchar la negativa de ellas, para asumir el cuidado y la crianza de su sobrina.

El muchacho regresó descorazonado a su hogar, revivió sus deseos de superación, y se arrojó al costado de su hija, en donde depositó sus angustias como casi siempre, y es que su hija era como un paño que seca lo mojado, o mejor, como una lavadora que limpia lo que está sucio. Al entrar en gracia consigo mismo, pudo registrar en su memoria este momento de intimidad, eran los últimos instantes de otros pocos, así que aprovechó, para expresarle lo admirado que se encontraba por tan celestial belleza.

- Que dicha que denota tu rostro hija mía.- le dijo a la pequeña adormitada, mientras le acariciaba los cabellos con dulzura - Ayer escuché durante la hora del almuerzo a un transeúnte decir : que aquellos que puedan volver a ser como niños, tendrán las llaves del éxito y la felicidad - <<Y es verdad>> - se dijo de nuevo - pues cuando uno es crío, las cosas tiene un momento de ser, allí no existe antes ni después, y se es alegre por el simple hecho de ser, en cambio ahora, con el poder de la razón nos traumatizamos llenándonos de problemas, culpas y preocupaciones, las que en el promedio normal de las ocasiones no tienen soluciones - terminó diciéndose.

Dos días después, las hermanas Sancan hicieron proyecciones económicas con escenarios favorables y desfavorables con respecto a ellas, el resultado más que satisfactorio le daba visa de migración parroquial a José Ramón.

Maliciosamente, los dos jóvenes galanes que ayudaron en la estimación financiera, se frotaban las manos socarronamente a espalda de las féminas, luego las tomaron a cada una por el hombro y las condujeron por separados a las habitaciones de aquel lugar, en donde les anticiparían algo de lo que ellas podrían percibir si las suposiciones económicas resultaban ser ciertas. Una de ellas, antes de esto, se detuvo primero frente al teléfono de la casa y llamó a su hermano para infórmale dicha decisión.

Mucha gente por estos tiempos, paso de ser acomodada a muy acomodada, aquellas personas que en buen momento acumularon algo de dinero, ahora recibían toda clase de bienes por mucho menos de su valor comercial, a cambio de aquello, hacían préstamos personales, que permitiesen financiar la migración ilegal.

Este tipo de operación se caracteriza por dos tipos de situaciones muy fáciles de determinar:

La primera, es que es un "crédito" exageradamente rápido; la segunda, es que es excesivamente caro. Los intereses impagables que pretenden aquellos rastreros que mantienen este tipo de "oficio", terminan casi siempre de la misma manera, en una ejecución de las hipotecas recibidas, o en un remate de esos mismos bienes.

La señora Rafaela Constante, la eterna chulquera del barrio San Agustín, conoce a José desde que se mudó ahí junto con su esposa. Ella atendería las súplicas del muchacho y le otorgaría el capital necesario para subvencionar los gastos de su viaje, y por lo menos unos dos meses de estadía en los Estados Unidos, tiempo suficiente para "encontrar" el ansiado trabajo salvador.

El dinero se daría a cambio del traspaso total de la última propiedad que el muchacho aun poseía, no se lo daba en hipoteca, porque los chulqueros saben que así podrían exponerse a juicios, o demandas.

Entregó entonces aquel terreno que compró cuando se casó, en el que su esposa y él pusieron sus anhelos por construir la casa de sus sueños, sueños que se marcharon con la prematura muerte de María Celinda. El terreno ahora permanece cubierto por mala hierba, arbustillos y basura que uno u otro transeúnte arrojan al pasar por el lugar, era el último bastión que le quedaba a su anhelo, el que se marchó sin mirar atrás, con solo dos segundos y una firma.

-Me prestará doce mil dólares en total, de los cuales ya cinco entregué para el amarre de mi salida en esta noche- les dijo en voz baja tratando de no despertar a la pequeña

-José ¿Pero y para nosotros? Tu sabes que no tenemos dinero y la niña tiene que comer, vestirse, los útiles ¡Son carísimos! No nos alcanza… - decía Roció su hermana, más fue interrumpida justo cuando el show subía en sensacionalismo

-¡Tranquila ñaña! Yo no me he olvidado de eso, aquí te estoy dejando mil quinientos dólares para que cubras las necesidades básicas de la niña, y para que ustedes no sufran con la estadía de ella aquí mientras yo permanezca ausente – le dijo sonriendo

-Creo que sus penurias no durarán mucho, pero si así fuera, todavía cuento con lo que la señora Rafaela me tiene que dar.

-Ñaño pero asegúrate, mira que nosotros no tenemos marido que nos mantenga, y nuestros sueldos apenas nos alcanzan para vivir.

-Ya te dije, quédate tranquila, a mí me aseguraron que tocando suelo americano tengo trabajo

-¡Solo que así sea!, porque te repito, nosotras no tenemos... - interrumpió nuevamente José Ramón a su hermana y riéndose las abrazó diciendo:

-Empezaré mandando unos tres cientos dólares al mes hasta que se equilibre mi situación, luego y progresivamente les incrementaré el monto ¿Cuánto? No me pregunten por qué no lo sé.

De repente detuvo su hablar, un golpe en el pecho lo impactó. Un pito repetido con intermitencias de dos en dos hasta completar seis, significaba una sola cosa; su despedida.

Un vetusto camión Mack plateado de a poco se parqueaba frente a la vereda de aquella casa. Todo coincidía con las señas que le dieron para aquel día, aun así, no sabía cómo reaccionar.

Librándose de aquel letargo momentáneo, caminó hacia la pequeña sala del lugar, al asomarse por entre las ventanas de madera, encontró en aquella hermosa alborada manabita, al transporte sin placas esperando por él. Desde el interior, un hombre calvo y de mal aspecto que hacía las veces del chofer, (pero que realmente era uno de los "Duros" trabajando de camuflado) le hizo la contraseña pactada con las luces de su truck, con lo que el joven ecuatoriano confirmó lo esperado.

Con el corazón latiéndole a cien por minuto, presuroso, subió por las escaleras que lo conducirán al triste paredón, que para entonces tenía la forma de una habitación infantil, la misma, que amenazante lo intimidaba.

Eran las tres de la madrugada, se acercó discretamente, pero la pequeña se encontraba despierta y chupándose el dedo pulgar, al mirarlo le sonrió, José Ramón se soltó en llanto y la agarró con fuerza entre sus brazos, la besó por varias ocasiones en sus manitas, mientras le hablaba susurrando; ¡regresaré pronto hija mía! ¡Lo haré!, pronto estaremos juntos de nuevo. La niña como si advirtiera a sus cuatro años de edad lo que sucedería, lo abrazó por el cuello diciendo:

-Papito no te vayas, llévame a tu camita y durmamos juntitos… como todos los días, solo quiero tenerte conmigo – el padre sin resuello la miró una última vez, sin decirle nada más, la dejó en su cuna con cuidado, sin que ella lo viese llorar, le cerró sus ojitos, y se retiró avanzando de espaldas a la puerta, cantándole la canción de cuna que durante los últimos 4 años le cantó, al llegar a la salida, fijó su mirada al cielo, el que se veía por una pequeña ventanita ubicada en el techo de ese cuarto, se persignó, y le pidió al Señor todas las bendiciones para su niña.

El pito frenético del camión, interrumpió la despedida del joven, quien salió del pasillo del mismo modo impetuoso con el que entró. Abajo en la puerta de la casa, sus dos hermanas lo esperaban para despedirse, las estrechó apasionadamente y salió del lugar. Caminó unos veinte pasos y se detuvo por un instante, se volteó, y llorando les suplicó: "Cuiden a Isabel, cuídenla con su vida, como si fuera de ustedes, ella es mi vida, es mi razón… ella lo es todo en esta decisión" – Luego, rápidamente regresó a su camino, frente al vehículo una última corazonada trató de prevenirle lo que se vendría, más como las otras tantas, la desoyó.

Al subirse, se ubicó estratégicamente entre las cincuenta personas que se encontraban en aquel balde, encontró un lugar en donde pudo divisar la ventana reconstruida del desván, el camión que se mantenía encendido, dio marcha,

José Ramón que se mordía los labios, se concentró en no perder de vista esa última imagen que guardaba su vida misma, imagen que se fue perdiendo entre la oscuridad, hasta quedar transformada en otro más de sus recuerdos.

14 de marzo de 2002

Son las ocho cuarenta y cinco de la noche, en la barranca, muy cerca al cauce del río Burro, la restaurada casa de la hermanas Sancan, todavía muestra un leve destello de luz en la más pequeña de sus ventanas.

Al interior, una tierna figura se encuentra de rodillas en el tablado áspero y brechoso de madera. Apoyada en su cama, con firmeza y murmurando con sus ojitos casi cerrados por la agotadora espera, sin rendirse y al ritmo de su corazón, Isabelita muy a su manera exponía al Creador una de tantas oraciones sin respuesta palpable:

<< Diosito, sé que mi papito hoy tampoco me pudo llamar, porque en su trabajo no hay teléfono, o porque estuvo enfermo, o porque aún está viajando a casa, como siempre te pido que lo cuides, y lo protejas, cúralo si está enfermo, por favor, que no se haga viejito, que no le salga pelo blanco ni arrugas, y te lo digo de nuevo, no te lo lleves para el cielo, nunca, nunca, nunca, déjalo a mi lado para siempre>>

Cuando el reloj se acercaba a las diez, Isabelita miró el cielo como deseando encontrar la figura de su padre en el firmamento, luego bostezando, regresó a su realidad, deslizó sus manitos con delicadeza hacia aquel sucio y desgastado cobertor, lo llevó a rastras hacia su cama en la que desbordó aquel amor cohibido en su querida almohada, la que por el día descansa en la silla frente a la escalera, es la misma que su madre le bordó antes de morir, y en la que se lee con dificultad, estaré contigo, es la que logra calentarla en las noches de mayo, es la que acoge sus lágrimas, es la que calma sus gritos, y es la que finalmente logra hacerla dormir. Por ahora el silencio la arrullará, el escaso viento limpiará de su frente el sudor propio del calor en esta estación, y la mantendrá fresca hasta el amanecer.

Algunas gotas de agua todavía se filtraban por el techo, el aguacero que se dio en la tarde fue intenso y prolongado, casi hasta el anochecer, las vigas de madera que sostienen el zinc estaban embebidas como si de una esponja se tratara. El incesante golpeteo de las gotas con el suelo en varias ocasiones despertaron a Isabelita, más el día de hoy no lo harán, pues su mente agotada por la tensión, el ansia y la espera de escuchar la voz de su progenitor, en el día de su cumpleaños, le ofrecerá una tregua y le permitirá dormir con los angelitos.

Han transcurrido tres años desde que su madre se murió y un año dos meses desde que su padre emigró, ya casi nunca el pobre recuerdo de ellos la desconsuela, el trajín al que se ha visto avocada a vivir es muy agotador, y la vence siempre por completo.

-Míster, plis una col...llamada tu Ecuador – pedía José Ramón al dueño de aquella tienda de abarrotes

-I can not speak Spanish – le respondió aquel tendero con rasgos orientales.

-Chino jijuep... – se quejó molesto el muchacho mientras acongojado regresaba a su cuchitril empleo, no pudo llamar a su hija el día del cumpleaños número 5, y esto le impedía pensar con objetividad.

El turno de aquel trabajo nocturno casi empezaba, uno de los latí gringos, conexión de los coyoteros para América del Sur lo increpó de entrada:

-Oye soberano pendejo, que te crees llegando a estas horas, que no te lo he repetido gran idiota que para ingresar al trabajo, debes de venir por lo menos con un cuarto adelante para que te cambies, ¡o es que no comprendes el idioma español! ¡Cabronazo!, me parece que lo que te gusta es el golpe, ¡responde pues maricón!

El muchacho recogió sus hombros, agachó la cabeza, y se dirigió al casillero setenta y tres, en donde guarda su overol de limpieza, lo tomó con furia, y entró al baño para cambiarse.

Listo y manos a la obra, tomó una hoja en donde se le indicaba la tarea por hacer.

- Esta vez me tocaron los baños del bar - leyó en silencio frunciendo el ceño << Son una verdadera porquería, pero nada puedo hacer>> pensó irritado.

Después de aquel incidente, todo regresó a la rutina, se equipó adecuadamente, y empezó con el oficio. Mierda iba, mierda venía, no hubo un baño que no estuviera cagado, parecía como si todos los visitantes del trono, se hubiesen puesto de acuerdo en el qué hacer y a qué hora hacerlo. Limpiar el orín del piso era menos repugnante, solo debía exprimir el verduzco líquido en un balde metálico lleno de sarro y después botarlo por el urinario, no podía votar el balde, ni pedir uno nuevo, puesto que este por las mañanas servía de contenedor de basura para las vísceras de un restaurante chino.

En la tarde terminó su labor, entre la memoria imborrable de su hija y los escupitajos hediondos que raspaba de las paredes del lugar. Lo primero le ayudó a dibujar una tímida sonrisa de alegría.

<< Muy tempranito la llamaré>> se dijo en voz baja, con lo que también calmó en algo su malestar por tener que retornar al segundo turno por cumplir.

¡Estimados amigos muy buenos días!, tres muertos fue el trágico saldo del accidente acaecido en la vía El Carmen – Pedernales, dos menores de edad y un adulto fueron embestidos por un bus de la cooperativa... - se escuchaba en un radio despertador, sintonizado en una emisora local, en la casa del vecino, "don Astudillo".

En la casa de la familia Sancan el estilo difería en tecnología, pero la narrativa era muy, pero muy similar:

-Isabel, Isabel - gritaba con voz desafinada y aguda Rocío.

-Levántate holgazana, o acaso te volviste sorda, mangaja - replicó su hermana Victoria.

Y mientras juntas armaban un zafarrancho para despertar a la niña, el destartalado despertador del cuarto conjunto inundaba el ambiente con un estruendoso RIIINGGG, RINNNG, RINNNG, lo que conllevó a caldear aún más el ambiente, que por cierto duró, hasta el cuarto certero zapatillazo que asestó una de la hermanas al desahuciado aparato.

Rocío y Victoria son la prueba viviente de que Lucifer existe y que está entre nosotros, son dos engendros de ultratumba, que perdieron su camino buscando el infierno, y que por caprichos del destino, establecieron una sucursal del inframundo, allí, en el "Barrio Lindo" como le dice Isabelita.

El griterío tenía vaivenes hilarantes, ahora estaba en los decibeles más altos;

-¡Niña mal criada! , levántate carajo – nuevamente vocifero la tía Rocío.

Aun con sueño, tambaleante, la niña se fue incorporando, y de un salto se puso en pie, pero, y aunque su mente estaba de acuerdo en levantarse su cuerpecito no, y debió retroceder, hasta quedar nuevamente en la cama. Desperezándose, logró al tercer intento pararse firme, y caminó hasta la escalera, no sin antes guardar sus preciosos tesoros, el cobertor en el baúl de costuras, y su almohada en la vieja silla de laurel.

-Tía, aquí estoy- con voz soñolienta respondió la niña.

-¡Sabes qué hora es inconsciente! – dijo Rocío, y continuó el sermón diciendo - ¡te vas inmediatamente donde Candela, dile que te anote dos libras de papa, veinte centavos de cebolla, y media libra de carne!

-Pero tía, ¡la señora no quiere fiar ya!

-No te estoy preguntando nada, lárgate y trae lo que te pido.

Isabelita, se aseó, se vistió para la escuela, y partió primero hasta la tienda de la esquina.

La señora Candela es una viejecita parapléjica y cascarrabias, propietaria del negocio al que llamaban El Traste, por el estado en que lucía desde que don Mario intentó quemarlo. Candela hace mucho que le había perdido el respeto y la paciencia a la niña, cierta vez, Victoria le recomendó, que cuando viese distraída a Isabelita, le asestara un coscorrón o un jalón de mechas para que tomara asunto.

-¿Qué quieres? - la viejecita plegando el labio inferior, preguntó.

-Buenos días señora, me da dos libras de papa, veinte centavos de cebolla y media libra de carne por favor.

-¡Me imagino que traes plata! – increpaba Candela sin dejar de mirarla.

-No... no traigo, anótemela por favor.

-Te gastaste el dinero ¿verdad?

-No... No señora, me enviaron a fiar.

-Toma, aquí tienes, es la última vez, y anda diciéndole a las roñosas de tus tías que manden a cancelar la cuenta vieja.

-Gracias – contestó la niña, y se retiró a dejar el mandado.

Con mucho cuidado entró en la casa, dejó las compras en el mesón de la cocina y partió nuevamente hacia la calle.

De regreso hacia el asfalto, y por la avenida que pasa por la iglesia de San Martín, marchó a su escuela contenta y divertida, esquivando cuanto charco aparecía en su camino.

Algunos metros adelante, la niña divisó la diminuta figura de su mejor amigo Marcos Intriago, o como ella solía decirle de cariño "Pulgarcito".

Se concentró tanto en alcanzarlo que en un descuido la pequeña pisó en la mitad del filo de la acera y su pierna derecha resbaló al topar el barro lizo y hediondo que dejó el río en la crecida del día anterior, por lo que se fue al piso cayendo de pecho y revolcándose por lo violenta de la caída.

Algunos estudiantes que junto a Isabelita caminaban, empezaron a mofarse de ella, y ante los gritos de: tonta, burra y otros epítetos, su amigo se detuvo de inmediato a pesar de no saber de quién se trataba. Él era un chico muy caritativo y bondadoso, así que retrocedieron varios pasos solo para descubrir, que era su amiga el blanco de aquellas bromas e insultos.

-¡Isabelita! ¿Qué te pasó? Ven, toma mi mano, levántate.

-Snigf... Gracias Marquitos, te quería dar una sorpresa y...

-Pues medio rara tu sorpresa.

-No seas tonto, no era la caída, era otra.

-Bueno, no importa, toma sécate.

Su amigo entonces dueño de una amplia y contagiosa sonrisa, se sacó su camiseta interior con la que la limpió lo mejor que pudo. Luego le regaló su chompa de Educación Física, con la que pretendía se cubriera lo embarrada que estaba.

Ya cerca de la escuela, el repicar de las campanas se escuchaba con vehemencia, por lo que todos los niños se olvidaron del asunto y presurosos se dirigieron a sus aulas.

-Que fue ñaña, espero que estés bien, ahora no tengo mucho dinero así que te agradezco me pongas a la niña - pedía José Ramón.

-Pepe, la criaturita salió al colegio, es que hoy tenían prueba – dijo Rocío.

-Bah, que mala pata – dijo el muchacho, y continuó – sabes, es muy difícil para mí llamar a la niña en horas de trabajo, dile que la llamé, que la extraño mucho y que no me olvidé de su cumpleaños, trata de que en la noche se quede despierta que la volveré a llamar – terminó diciendo

-Está bien hermano, así lo haré.

-Dile a Victoria, que ya hice la transferencia a su nombre, que a partir de hoy, la puede retirar – afirmó el muchacho

-Gracias José, no te lo habíamos recordado, pero la niña gasta, tu sabes lo que cuestan esos colegios privados, y peor ese que es aniñado.

-Lo sé hermana, lo sé, muy pronto podré mandar más dinero, estoy a punto de conseguir otro camello, y así arreglar un poco la casa de ustedes, bueno te dejo porque se me hace tarde, chao.

-Ya Pepito gracias, le damos tu mensaje a Isabelita no te preocupes. – terminó diciendo Rocío, frotándose las manos en señal de satisfacción.

Un silencio sepulcral invadió toda la casa, luego le siguieron incontenibles carcajadas sarcásticas.

Las hermanas subieron corriendo a sus respectivos cuartos, se cambiaron de ropa, y fueron directamente a la agencia de transferencia de dinero a retirar el monto que les permitiría disfrutar de un fin de semana de puro placer.

-Te dije que funcionaría, y tú no me querías creer – dijo Rocío.

-Sí, pero igual ¿no te da cargo de conciencia? – replicó Victoria.

-Mira ñaña, ten por segura que en el segundo "palo" ni de tu nombre te vas a acordar, además, termina de meterte en tu cabeza, que José nos paga por un trabajo que le estamos haciendo, y no por un favor, yo por lo menos, con mi dinero hago lo que me da la gana.

-Bueno, viéndolo así como que tiene sentido lo que dices.

-Es que no existe otra forma de verlo, ya quítate el velo de la Santa Victoria y disfruta del momento, que esto que está pasando, tiene su razón de ser.

La "Simón Bolívar" es una de las escuelas fiscales más prestigiosas de la ciudad, grandes colas se advierten por la calle principal cuando llega la fecha de las matrículas.

Se podría decir para darles algo de crédito a las tías de Isabelita, que es la institución más aniñada, entre las más humildes.

Los estudiantes se forman en siete columnas distribuidas en sentido opuesto al portón de la entrada, es cierto que ahora es más difícil lograrlo con prontitud, pero en lo posible se lo hace.

El batallar con los barrizales se extiende hasta la salida de invierno con frecuencia, después de esto, todo es olvido y retorna la calma.

Todos los lunes se festeja en esta escuela el día cívico de la semana, dos niños son seleccionados para izar la bandera patria, al ritmo de las sagradas notas del Himno Nacional.

La pequeña guarda un inmenso amor por su país, el aprecio que le tiene es puro y apasionado, tanto que le motiva lágrimas y sonrisas al escuchar la entonación de la canción patria.

Aún en nuestros tiempos, una gran mayoría de la población, siente vergüenza de sus orígenes, justo allí donde otros demuestran una pasión motivadora sin límites, por eso es que normalmente se observa a muchos niños jugando o molestando durante este acto solemne. Afortunadamente como de todo da la mata, también existen niños criados por personas, que cerca o lejos de su país, disfrutan, sienten, lloran, gritan o vitorean aquellos símbolos históricos que les dan identidad y fuerza donde nadie más les ofrece algo, la patria nunca te abandona, siempre espera acogerte en su regazo.

Pues bien, en aquella semana le tocaría el turno a Marquitos "pulgarcito" Intriago, quien en compañía de Rosalía Pérez, una de las mejores estudiantes de aquel plantel, cantarían el himno con inconmensurable honor, la profundidad de sus gestos, contagiarían de entusiasmo a todos los venturosos que presenciaron aquella hermosa demostración de cariño.

-Atención, firmes – dijo la subdirectora - en aquel instante, la pequeña Isabelita empieza a disfrutar del ambiente, su temperatura corporal sube y las lágrimas la empiezan a traicionar. No le importa nada, en ese momento es libre del mundo, y solo se dedica a degustar ese mismo instante de gloria.

En ese tiempo de patriotismo, siempre aparece un personaje de manera sospechosa, observa cuidadosamente a los niños y toma nota de todo lo que sucede en un pequeño libretín azul.

Se apellida Zorrilla, es el inspector de primaria y del ciclo básico. Este obeso individuo es un compendio de virtudes que se contraponen a su físico. Es muy conocido por su honradez y organización, también por su bailecito al caminar. Muchos le dicen el "yo –yo" tiene una pierna más corta que la otra, es bajito, calvo y tartamudo, por si esto fuera poco, en su rostro puntiagudo, se encuentran las cejas más gruesas que ser humano pudiese tener, es como ver a "Beto" aquel famoso muñeco de la serie infantil Plaza Sésamo.

Su vida pasa sin tropiezos ni problemas el mismo se ha encargado de enderezar a todos los malcriados que llegaron allí, y a otros los tiene en la mira, parezca mentira o no, lo cierto es que entre los sospechosos están Isabelita y su amigo. La razón de tal sospecha radica en las excesivas demostraciones de cariño que ambos niños afloran todos los lunes al inicio de clases. Por diversas razones individuales, tanto la niña como el niño, han desarrollado un cariño especial por su país, y por todo aquello que pueda acercarlos sentimentalmente a él.

Por su parte a Zorrilla tal actitud se le hace incomprensible. Así que siempre busca un sitio cercano al pabellón para espiar a los pequeños, luego los analiza mientras recorre la franja de la plataforma por detrás de las autoridades de la institución, siempre se mueve en la misma línea. Las plantas que se encuentran ubicadas ahí, son más altas que él, así que se convierten en su perfecto camuflaje.

Esta vez, y terminado el acto, los niños lograron ver asomarse el copetillo del inspector entre las crecidas matas, Isabelita sin poder contenerse hecho a reír sin resuello... ji ji ji primero, ja ja ja después, que gracioso es – decía - me recuerda a los juegos de caza y puntería que llegan junto con los aparatos mecánicos en las fiestas de Manta, - ¿Te acuerdas? – le preguntó a su amiguito.

¡Claro! – respondía sonriente "pulgarcito".

Cuando retornan por orden de la dirección a sus aulas, la niña se sale de su formación y llegó hasta donde su amigo.

-Marcos, me puedes ayudar a enviar esta carta.

-¡Oye qué te pasa!, no ves que nos van a ver - le dijo asustado, mirando de un lado a otro.

-Yaaaa, ¡quédate quieto!, que nadie está mirando, además en el recreo nunca me miras, pareces no ser mi amigo - casi gritando le reprimió Isabelita.

-Tú sabes que así lo tengo que hacer, si no se cabrean los panas - le respondió.

-Bueno me vas a ayudar o no – dijo nuevamente sonriendo Isabel.

-Claro yo te ayudo no te angusties - rápidamente y entre labios susurró una pregunta - - ¿Para quién es?

-Para mí papito - y cambio los gestos en su cara por una melancólica mirada.

-Ya, tranquila, la enviamos más tarde, a la salida me cuentas bien, y allí veremos que hacemos ¡Ya!

-Está bien, te espero.

A la salida del colegio, presurosos, tomaron la línea 14 que los dejó frente al edifico de correos, luego de depositar la carta retornaron a sus casas, a sabiendas de que se habían ganado una buena reprimenda por llegar una hora tarde a sus respectivas casas. Aun y con todo esto, la niña se fue contenta y el niño por demás satisfecho.

Rocío Sancan se encontraba aquella mañana sentada en el moderno sofá triple de su sala, esta fue la última orgullosa adquisición de la semana. Lo compró en la nueva sala de exhibición que se aperturó por aquellos días en la ciudad, es una de las firmas con mayor prestigio a nivel nacional y por tanto una de las más caras también. No se cansaba de acariciarlo, le fascinaba quedarse dormida en él por horas mientras miraba sus novelas preferidas. Pero tal gozo sucumbía ante el dolor que le provocaba recorrer con su mirada los puestos faltantes de aquella colección.

-A este ritmo, jamás podré tener lo que quiero, ¡Estoy aburrida! ¡Cansada de esperar!, es una miseria lo que ese estúpido nos envía, tengo que hacer algo para recibir de el más plata, pero debo hacerlo !Ya!

Movía sus rodillas de un lado para el otro, y mataba su angustia limándose sus puntiagudas uñas a intervalos diferentes, todo esto sin quitar su mirada fija de la puerta principal de la casa, sabía que quería, pero no como obtenerlo, era un problema, y para resolverlo necesitaba tener su mente despejada.

Se levantó y camino en círculos, una de las ventanas que se encontraban en aquel espacio dejaba pasar la luz de aquel bello día, se molestó mucho al sentir este resplandor, así que fue hasta allá y soltó hacia el costado izquierdo una de las cortinas sucias que cubrirían los rayos de sol, logró su cometido, pero consigo se llevó además una espesa estela de polvo que le cayó en su cara, esto le produjo varios estornudos, pero también la terminó de embrutecer.

Miraba con insistencia por un pequeño y empañado cristal marrón que estaba colocado en el centro alto de la puerta principal de aquella casa, trataba de agarrar de la nada, eso que le diera todo.

La imagen de su sobrina apareció a esa hora en la distancia, llegaba más tarde que de costumbre, pero no reparo en pensar que había pasado, solo se la quedó mirando.

No quería hablar con ella, así que regreso al mueble y adoptó ahora una posición beligerante que intimidara a la pequeña, y así lograr que la niña prosiguiera en su caminar directo hasta su cuarto.

Casi al instante, un joven muchacho semi desnudo bajo por las escaleras de la casa, camino hasta la mujer y la rodeo hasta quedar por detrás de ella. Vestía calcetines de color negro y un calzoncillo del mismo color, el olor a sexo que se desprendía de él, inundaba el ambiente de forma penetrante. Roció sintió como el libido subía culebreándose entre sus piernas, se levantó del mueble para arrodillarse encima de su sofá. Atrajo hacia ella el torso mojado de aquel tipo y lo junto con su pecho ardiente de deseo, luego le acercó sus labios al cuello y lo besó despiadadamente.

El muchacho respondía a las solicitudes de su amante, y trataba en lo posible de que su imaginación sin límites la invadiera de locura, con lo que también obtendría la cantidad de dinero que pretendía por el favorcito.

<<Toc, toc>>, se oyó repiquetear en la puerta << es mi sobrina >> - dijo Roció un poco sobresaltada.

-Tranquila baby, tranquila – le decía sensualmente su acomodador, a la vez que, ascendía estratégicamente su cuerpo de tal manera que sus pectorales rozaban la barbilla de la ilusa. El jueguito siguió con un destrampe que sacudió su mente con violencia, dejándola lista y a merced de las órdenes del garañón.

Aun con el deseo, actuando por instinto, lo alejó con un empujón y le suplicó que regresara a la habitación, el gorrón se dejó ver en su ambición y le recordó:

-Esta pelada, esta trastornando tu vida, y la está convirtiendo en algo que tú no te mereces, mucha gente se ha vuelto millonaria utilizando la inocencia de esas criaturas para inducir la compra de sus productos en la calle, incluso hasta la podrías alquilar, yo conozco gente que te anticipa plata por esos "favores", piénsalo bien, tengo necesidades, y tú no estás teniendo como pagarlas.

Rocío se quedó pensativa, mientras por debajo de su falda, algo le ayudaba a tomar sus decisiones.

- Así que lo que estás por hacer, es lo justo, y tú lo sabes – decía el infeliz sin parar de hablar - yo jamás he querido dejarte, pero las circunstancias y la carestía de la vida me obligan a hacerlo, si tu no rectificas tendré que irme, pues necesito vestirme y comer, además… - se vio interrumpido nuevamente

- Ya, para de hablar - la mujer le colocó un dedo entre sus labios y le dijo: No se platique más, lo haré, y hoy empezare el negocio, ya sé que voy a utilizar para persuadir a esta perra.- Con todos los sentimientos mezclados y cargados a su máxima expresión terminó de hablar, y se preparó para ejecutar lo conversado.

- Recuerda, puede salir a vender lo que sea, caramelos, confites, rosas... si eso está bien, no hay muchos vendedores de rosas, hazme caso – le sugirió el joven individuo.

- Esta bien, rosas serán...

El seguro de la puerta se soltó desde adentro, al trasponer la puerta, Isabelita se encontró con la figura beligerante de su tía, la misma que miraba fijamente el cándido rostro de su sobrina. A ese punto en Rocío, se denotaban múltiples expresiones de violencia, la inconsciencia y la ira pasaron voluntariamente hasta su corazón, en donde las dudas se juntaron y la llevaron hasta el mismísimo infierno.

Las fuerzas de su cuerpo se concentraron finalmente entre los dedos de su puño derecho, allí sostenía un látigo de cuero bifurcado en dos terminales, la niña sin poder dar paso atrás miró hacia el costado, y cerró sus ojos. La mujer que aún mantenía fija su mirada, gritando le ordenó que los abriera, con señas de su mano le hizo entender que se volteara y la niña obediente así lo realizó.

Con su vista clavada en la pared, Isabelita empezó a llorar.

-Cállate burra, ¿Por qué lloras? – pregunto Rocío, pero nunca obtuvo respuesta.

La niña estaba dispuesta a soportar el castigo, sabía que era el pago justo que debía realizar por haberse dado el gusto de entregar esa carta a su padre, y sin arrepentirse se resignó.

Algunos segundos después y mientras el sollozar de la criatura iba en aumento, la tía saltó cual espiral de su sitio y sosteniendo con su mano libre uno de los brazos de la inocente niña, la empezó a flagelar con saña y vehemencia, con todo el ímpetu que una mujer histérica fuera de sus cabales puede causar. La indefensa chiquilla se sacudía y gritaba del dolor tratando de esquivar los sanguinarios azotes que sobre su espalda y su cintura caían. Uno tras otro empezaron a cortar como cuchillos su piel, la sangre brotaba y se consumía en el uniforme blanco de la escuela.

Después de varios intentos por soltarse, la niña agotada y adolorida dejo de moverse, la ceguera de su tía no le permitía advertir lo que acontecía y solo cuando sació su ira, notó que la pequeña, no lloraba más.

Rocío se asustó y quedó desvanecida por un instante, soltó bruscamente el cuerpecito de la niña y este cayó pesadamente al piso, la cabecita fue la última en llegar, esta dio un par de botes en el cemento y terminó recostada contra uno de los muros de la casa.

Cuando la   pequeña recobró la conciencia, sus ropas sangrantes y el terrible dolor le recordaron su realidad, encontró aun a su tía frente a ella y con una botella de licor entre sus manos, Isabelita se alejó gateando con miedo y se arrinconó en la pared, la mujer se acercó y le dijo con voz fuerte y dominante:

-Esto es lo que te espera de hoy en adelante si es que no haces y vives como yo te lo ordeno   -la niña que miraba asustada, intrigada por lo ocurrido, se decidió valientemente a preguntar:

-¿Pero qué fue lo que hice?, ¿por qué me pega así?- A lo que la tía respondió:

-Esto no es por lo que has hecho, es por lo que pudieras no hacer , y para que entiendas mejor, a partir de mañana saldrás en las noches acompañada de ese vagabundo de tu amigo Marcos a vender rosas en las calles, le ofreceré a su madre darle tres dólares por día, de los quince que deberás traerme a casa, así que debes de trabajar convenciendo con tu cara de burra a toda la gente que puedas, si no me traes el cartón vació o el dinero completo te daré otra zurra como la que te acabo de dar – y haciéndole un ademán con la palma de su mano, se retiró del cuarto prendiendo un cigarrillo.

Era ya de madrugada, cuando Isabelita y su pequeño compañero, rendidos por el sueño, regresaban caminando a paso lento hacia sus respectivas casas, fuera del cansancio y del estrés de la primera noche, el progreso parsimonioso se debía al murmullo que aun las cicatrices le murmuraban a su tierno corazoncito, Sabía cómo podía volver, pero también como no debía regresar. Dos pequeñas rosas eran su gran problema, y aquel maldito cartón era su cómplice, este último, no dudaba en mostrarle de forma majadera, los saldos de la docena que como mínimo debía vender por día. Cada minuto que transcurría, restaba preciosos segundos en la vida de la pequeña. A esa edad, debería estar acostada y preparándose para la jornada escolar y no laborando de forma tan inhumana.

Resignada a padecer otra vez el castigo, se enfiló hacia su casa tomando la mano de su ayudante, el que al verla acongojada le dijo:

-Mira Isabelita, te voy a ser dos regalos, el primero es mejor que el segundo, pero el segundo te permitirá por lo menos dormir tranquila esta noche.

-¡A ver!!! - replicó la niña.

-Bueno, aquí te va, cada vez que te sientas morir, cada vez que creas que nadie te quiere, cada vez que te sientas sola, cada vez que creas que tienes un gran problema, jamás te quejes de aquello, pues siempre Dios te escuchará y se pondrá triste.

-¿No entiendo muy bien?

-Haber es muy simple, repite después de mi algo que me enseño el padre Jardín y que nunca olvido repetir pues siempre me da alegría.

- A ver – dijo la pequeña.

<<Nunca le digas a Dios que tienes un gran problema, mejor dile a tu problema que tú tienes un gran Dios>> Sonrió el pequeño, haciendo además un bailecito que a la niña le gustaba.

- Esta bien, así lo haré, pero ya vamos a la casa, que tengo mucho sueño – replicó Isabelita.

- Esta bien, pero con una condición – dijo el caballerito.

-¿Cuál Marquitos?

-Que por mis tres dólares no te preocupes, yo me hice un revuelo esta tarde en la carnicería, así que se los daré a mi mama, no permitiré jamás que te vuelvan a pegar- y apretó un puño con el que golpeó varias veces su pecho.

Pasaban entonces de regreso por el malecón central, a la altura de la Autoridad Portuaria pudo ventajosamente vender una de las dos rosas que tenía a una pareja de enamorados que se encontraban parqueados comiendo hamburguesas, estos, además de cómprale, les regalaron una soda y un sanduchito a cada uno, les palmearon sus cabecitas y les recomendaron que se fueran a dormir.

-Siempre hay tipos buena gente, yo me los encuentro a cada rato, es lo mejor de este trabajo – le dijo Marcos tratando de que ganara confianza.

La niña no respondió nada, se sentó a comer apresuradamente, y luego a descansar un momento para recuperar algo de la energía que se le escapó en aquel primer lance.

Poco después, cuando habían avanzado hasta el gran parque de la ciudad camino hasta sus casas, encontraron a un grupo de   adolescentes pandilleros que   se encontraban drogándose junto a la pileta del lugar. Uno de ellos al que llamaban el "saca pinta", totalmente volado se incorporó al ver a los niños pasar. Sopló la funda llena de cemento de contacto varias veces, inhaló por otras tantas y se acercó a los pequeños.

Tanganeó al niño en la cabeza, este al sentir el golpe, con miedo se alejó, aunque de nada le sirvió el acto, pues a seguir recibiría un certero manotazo en la nuca, que lo dejó un tanto mareado.

El bandido perdido en su mundo, les grito al oído como si ellos estuviesen a más de cien metros de distancia:

-¡Qué traes man!!!... qué traes... qué traes.

-Nada señor, déjenos pasar por favor - con mucha rapidez el jovencito respondió.

-Mira tú, que educadito me saliste. Afirmó en réplica el delincuente. Y cuando levantó su mano para volverlo a golpear, una voz firme lo detuvo.

-¡Yo te conozco! - advirtió Isabelita.

-Uhhhh – ¿Qué? – buscaba el muchacho aquella voz con su mirada pérdida, luego de varios intentos por fin lo hizo, se acercó más a la pequeña y le dijo:

-Mmmm, Creo que...! Si!... yo también te he visto antes- le contestó - ¡Ya sé!, eres la hija de don Pepe, ¡Cierto!!

-Así es, y tú... tú... eres el hijo de doña Candela.

-Sí, ajá - muy secamente el malandrín replicó, luego preguntó – y ¿cómo que hacen por acá?

-Vendiendo rositas, para hacer que mi papito vuelva - sonrió Isabelita.

-Tu viejo... a cierto se la sacó para la yonis, y que es que quieres.

-Que regrese - la niña respondió.

-¿Y cómo para?... que yo sepa cuando se largó, tenía el chorro de deudas, en cambio, ahora, seguro que realucina.

-Sí pero, pero, a mí eso no me importa, yo solo quiero que él esté a mi lado.

-No, pelada, no, con esa vaina no se come, él man necesita billete, Money como dicen allá, con eso se te jode, no con pendejadas.

Parecía que el asunto estaba controlado por los niños, pero de improviso y en tono agresivo el malandrín empezó a decir:

- Y más claro saben que, ya me cabrié de hablar tanta guevadas, mejor sáquensela, antes de que me arrepienta, o antes de que regrese el jorobado Andrés, ese loco no es tan bacán como yo, y le encanta el relajo, así que marchiten - con esto el joven tomó su funda, se dio la vuelta y soplándola se alejó.

Treinta minutos después, los niños llegaron al Cuartel de Policía, allí vendió la última rosa que le quedaba, pero Isabelita en vez de alegrarse se acongojó. En su inocencia, la niña imaginó a su padre sin dinero, sin comida, sin techo, y se persuadió cuestionando el hecho del porque sus tías le habían enviado a trabajar a la calle, ella no encontraba otra respuesta y fue esta la que al final, se quedaría grabada en su subconsciente para siempre.

Siguió caminando sin soltar palabra alguna, pero ahora se movía con firmeza, con decisión, su amiguito que la miraba desde atrás fruncía el ceño al verla agitar constantemente las manos y la cabeza, pero dejó pasar el momento, y no preguntó nada, solo se concentró en llevarla sana y salva hasta su casa.

Al rato llegaron, el niño abrió la puerta del frente con una llave que su madre le entregó por la tarde, en el mismo instante en el que le confió las instrucciones de venta y el cuidado de la niña. Nadie se inmutó por recibirla, entró solita y con mucho temor, dejó el producto de su trabajo sobre la mesa de teléfono y cerrando la puerta con cuidado, se despidió de su amigo.

Las últimas dos semanas apenas había conciliado el sueño, esto no le sucedía desde julio pasado, en el que lo golpearon por un lío de jerarquía con el recaudador de la fábrica, y en el que se llenó más de miedos que de dudas.

Pero esta vez el insomnio tenía causas diferentes, había recuperado un fragmento millonésimo de su conciencia, la que insistía repetidamente en enviarle pensamientos de libertad, pensamientos llenos de una reverdecida fuerza de voluntad que le permitían soportar las constantes humillaciones, pues su corazón ya no estaba conforme con esta forma de vivir, por eso luchaba desde su interior, ya no solo anhelaba un cambio, ya no pensaba en acostumbrarse a la frustración, había empezado a ganar la primera de un sin número de batallas en contra de sí mismo, en contra su malsana parsimonia, en contra de su extrema dilación.

El trato discriminatorio que padecía, y la furia que le producía la hora de comer, dormir o asearse junto con cucarachas y roedores, ahora formaban parte importante de sus motivaciones por convertirse en algo mejor, por esto se decía convencido <<Si he podido aguantar todo esto, el resto será como "coser y cantar">>.

En aquel día, también se dio tiempo de meditar y realizar cálculos sobre su escenario económico. Como otro signo de cambio se dijo molesto consigo mismo <<A este ritmo, aun trabajando 25 años seguidos no lograré salir de joda>>.

Con esta crisis de conciencia, cualquier pensamiento por absurdo que pareciere, lo confrontaba repetidamente con sus sueños de éxito laboral, estaba tratando de domar sus temores, lo deseaba con toda el alma, muchas veces se imaginó el retornar triunfante a su país, y muchas más soñó en como liquidar los aprietos financieros en los que se metió al emprender varios negocios después de su despido, quería adquirir todo aquello que le permitiese disfrutar junto a su querida hija de una vida digna, solo quería estabilidad.

Pero aún existía un problema que le asaltaba esos sueños, debía encontrar la forma de cambiar su error migratorio, estaba acorralado y aparentemente condenado a la miseria, la decisión radical de los coyoteros de retenerle un 75% de sus ingresos netos, no solo lo estaba explotando físicamente, lo estaba matando.

Y aunque las frecuentes amenazas de muerte que escupían los mafiosos en contra suya le sonaban a broma, otras, las que eran hechas hacías sus familiares no le causaban gracia, debía tomar una decisión y arriesgarse, pero ¿Valdría la pena?

Alguien le había advertido en Ecuador que todo esto no es indiferente a la realidad del migrante, pero su pasión por vivir el sueño americano fue más convincente que aquella verdad.

Pero sucedió también algo que solo ocurre en el 5% de toda víctima de opresión y abuso, esto es, aunque parezca absurdo, el redescubrimiento de su capacidad para decidir. Primero se manifiesta con el simple entendimiento de su capacidad para escogedor respuestas a diversas acciones y circunstancias en las que no tiene injerencia para intervenir, después se dan cuenta que solo existen dos posibilidades de hacer las cosas: una es conscientemente y la otra es inconscientemente. El siguiente paso es la rebelión propia contra la subordinación y la explotación, con ello deducen que de no hacerlo en esa forma, todas sus estimaciones, todos sus ingresos económicos, sus ahorros, solo se podrán contabilizar A FAVOR en un solo lugar; este lugar es la cuenta de ingresos de los coyoteros.

Llegó entonces un momento en el que José Ramón supo ciertamente lo que ya no quería hacer, aun no sabía cómo dejar de hacerlo, pero con este principio, el resultado deseado era inevitable.

Mientras le llegaba la idea correcta, seguía mutilando sus miedos con armas de fe y decisión, necesitaba una oportunidad con urgencia, y esta le llegaría muy temprano, antes de lo que realmente era necesario.

Estuardo Zambrano, un hombre de edad que vivía por aquellos tiempos en el centro de Queens, era jefe de una planta importadora y comercializadora de mariscos congelados en New Yérsey.

Él, como otros miles de ecuatorianos solían reunirse los fines de semana en restaurantes de compatriotas radicados a lo largo del estado.

En una de esas múltiples ocasiones, cerca del Bronx, asistió como padrino del niño Juan Eloy Piguabe, hijo de su amigo Francisco, propietario del comedor "El Gran Guayas" a donde Estuardo acudía por el exquisito ceviche de Albacora que servían en aquel lugar. Según decía hasta el cansancio, tenía el mismo sabor que el de su madrecita "que en paz descanse".

Aquí conoció de forma casual a José Ramón, lo escuchó mientras dialogaba con otro joven en la barra del restaurante, en la que discutía con vehemencia sobre economía y política, comparaba y diagnosticaba los problemas de su patria, incluso vaticino un cambio radical en las preferencias electorales, que en un futuro cercano se darían.

La presencia y seguridad en la elocución del muchacho, llamó gratamente la atención de Estuardo, por lo que, lo invitó cordialmente a su mesa, de allí en adelante, lo que comenzó como una especie de charla "Light", terminó en discusiones técnicas sobre el manejo de mariscos, el fuerte de ambos. Esto último le abrió el camino a su pre libertad, pronto se enteró de los negocios de Estuardo, no evaluó la casualidad, pero si se quedó atónito al escuchar la propuesta de trabajo que aquel señor le hizo.

-No te preocupes por eso, el negocio de esa gente no es andar matando personas, es ganar dinero. Asediar o asesinar, implica gasto, créeme no te pasará nada, si te decides, aquí está mi dirección y mi teléfono, tómate el tiempo que quieras, yo te estaré esperando.

-Gracias don Estuardo... yo le avisaré cualquier cosa.

Pasaron tres días, y ya solo quedaba resolver un punto, vencer el miedo por las amenazas de los maleantes hacia su hija.

Aunque quería a sus hermanas, no le angustiaba la seguridad de ellas, confiaba en que podrían cuidarse solas, pero con Isabelita era diferente, ella era indefensa, le podrían hacer algo al regreso de su escuela o cuando estuviera fuera de ella.

La decisión fue muy difícil, pero al fin, la tomó, aprovechó su lucidez e indujo a sus hermanas a mantenerse alerta, y cuidando de forma especial durante estos días, a la niña, algo que no harían obviamente.

Cuando el reloj marcó las once de la noche, el muchacho tomó sus pocas pertenencias y se marchó.

Estuardo lo estaba esperando muy cerca del lugar. No solo la mafia era un peligro en estos rumbos, sino también los frecuentes operativos que la migra sabían realizar de improviso, la tensión era aguda, pero felizmente para todos, nada sucedió.

El muchacho dio una vuelta de reconocimiento al lugar, Estuardo lo invitó a tomar asiento, el prefirió no hacerlo, mientras caminaba guardaba cada segundo de aquella plácida imagen de independencia.

-Su casa me recuerda un lujoso hotel que visité en la serranía del Ecuador – casi al instante reflexionó en que había tenido la oportunidad de nombrar a su país como no lo había hecho en los últimos tiempos, y menos sin tener que esconderse por no cumplir con las reglas impuestas por la plana directiva de su trabajo.

-¡Ah! ¿Y dónde exactamente? – preguntó el señor.

-En el lago de San Pablo- le respondió cerrando sus ojos para en sus recuerdos contemplarla mejor, luego le comentó - fue una hacienda de políticos y de gente acomodada en los años de la libertad.

-¿Quieres decir en las gestas independentistas?

-Si… creo, me contaron que los descendientes la tomaron y la reconstruyeron… dejándola en el estado actual.

-Si alguna vez va, visite la caballeriza, es todo un espectáculo- le dijo con los ojos llenos de brillo.

-Lo haré muchacho, pero por ahora toma tus cosas y camina por aquel pasillo, al final encontrarás una puerta semi puesta, no la menees mucho que se te puede venir encima, y te lo digo yo que ya he sentido el peso de la condenada en mis pies, pero bueno, no es para que pongas esa cara – le dijo sonriente y tratando de calmarle los nervios, luego procedió diciéndole - cuando llegues allí, entra sin recelo, ese es desde ahora tu cuarto, trata de descansar, mañana necesito que tengas todos tus sentidos listos y preparados para asimilar tu entrenamiento.

José Ramón se dedicó a escuchar a aquel tipo raro mientras hablaba sin parar toda la noche, el permanecía callado y asintiendo la cabeza al responder a preguntas concretas. Avanzada la noche, Estuardo ya cansado se retiró a dormir, lo mismo hizo el joven ecuatoriano quien tomó su maletín avejentado y caminando con recelo llegó hasta el pie de su nueva habitación.

El doblar de las campanas de la iglesia aquel domingo, tomó por descuido a la pequeña quien aún dormía, durante sus constantes salidas nocturnas, aprendió como aprovechar hasta el último minuto de descanso, por lo que cada vez que podía, trataba de recuperar la mayor cantidad de fuerzas que le permitieran seguir con su periplo.

En su cuerpo, un par de raspones y algo de mugre, contaban en silencio todo el esfuerzo entregado por la pequeña en las noches precedentes. Para ella no había compasión ninguna, nada conmovía a las tías lo suficiente como para detener esa barbarie.

Ni Rocío, ni Victoria estaban dispuestas en lo más mínimo a cambiar su nuevo estilo de vida, con la renuncia a sus trabajos, ahora todo el presupuesto familiar dependía exclusivamente de los ingresos económicos que la niña directa o indirectamente podía generar.

Para aquella mañana, la junta de profesores del Segundo de Básica de la Escuela Fiscal Mixta "Simón Bolívar", organizó una convivencia en las afueras de la ciudad, con el afán de integrar y confraternizar a los representantes de los alumnos, por lo que las hermanas Sancan se alistaron con todos sus lujos y se prepararon para acudir a la reunión.

Después de la porción innecesaria de gritos durante el desayuno, y mucho después de haber lavado su ropa y aseado su cuarto, Isabelita fue confinada por orden de las tías, a quedarse en la casa de don Emiliano, al cuidado de doña Flor, mientras la reunión durare.

"Doña Flor" como le decían en el barrio, es una viejecita que a principios del Siglo XX fue una prestigiosa profesora de Ciencias Naturales en varias escuelas fiscales de la provincia de Manabí, y madrina de comunión de Rocío. Sus aventuras, cuentos y enredos, son el medicamento perfecto por medio del cual, Isabelita limpia las heridas de su alma.

Tanto se maravilla la niña, que suplicaba a sus tías le permitan quedarse todos los domingos con ella.

Cada historia, cada momento es para la pequeña, una razón de espera para con su padre, con frecuencia su imaginación divagaba ante la dulce voz de la interlocutora anciana.

Cuando por fin llegaron a la casona, la niña entró fugazmente y sin despedirse de sus tías, doña Flor que abrió la puerta ante los golpes que la niña propinaba, solo alcanzó a saludar a las parientes de Isabelita, pues la pequeña la tomó de una de sus manos y casi la arrastró hacia dentro de la casa.

Manos a la obra, se acomodó en un cojín que permanecía en el suelo siempre junto a la mecedora de la viejecita, cuando esta última se recostó, la niña sonrió y la viejecita comprendió lo que esto significaba.

Una de estas historias, la preferida de ambas, es aquella, en la que por fin y luego de varios meses de entrenamiento, doña Flor acudió a rendir un examen de grado con el fin de obtener su licenciatura, y poder ejercer la profesión por la que tanto había luchado.

Este relato exaltaba a la chiquilla que a jalones prácticamente obligaba a la ancianita a repetir el momento cumbre de aquella reunión:

-Entonces me acerqué al estrado, el jurado calificador me llamó y advirtió a la vez, que tenía como tiempo límite cinco minutos para responder a la última pregunta que me habían formulado, para lo cual atendí con todos mis sentidos y escuché lo siguiente:

-¿Siendo usted mujer, y a sabiendas de su incapacidad con un fusil, cuál sería la mejor forma en la que usted defendería a su país?

-... ¿Y qué dijiste? - preguntó con ansias Isabelita, a pesar de ya conocer la respuesta.

-Pues de inmediato, y sin tomarme más de diez segundos, con voz alta respondí:

-La mejor manera en la que un ciudadano, sea este hombre o mujer, podría defender con valentía a su patria, es con la pluma, como Juan Montalvo, con ello podré forjar un mejor futuro para la patria, para los niños de nuestra provincia... esos de los que me he visto alejada por cumplir con esta exigencia del Consejo Educativo de la Provincia, pero estoy convencida de que me aprueben o no, empezaré mañana a impartir enseñanza a esas mentes hambrientas de conocimiento y deseos de superación.

-¿Y...entonces? - casi con lágrimas la pequeña esperaba escuchar la mejor parte de la historia.

-Sucedió mi niña, que de entre el jurado se incorporó un hombre con porte de caballero, de esos que ya no quedan, todos temblaban antes sus críticas, la voz de él era como la mismísima voz del magisterio, organismo machista que por cierto, para este caso prefirió no opinar en lo absoluto – prosiguió la ancianita con su historia - El hombre bajó del estrado por la escalera con dificultad debido a su edad avanzada, venía con el entrecejo fruncido, me imaginé el esfuerzo que estaba realizando para llegar hasta mí, aunque dudaba de sus razones para hacerlo, cuando se detuvo frente a mí, alzo su mano derecha, llevaba una esquela con forma del escudo ecuatoriano, la colocó en mi blusa, puso su pesada mano en mi mejilla y temblorosamente me dijo: Es la mejor exposición de conocimientos y deseos por la enseñanza que he visto en mi vida, esto se lo digo como la máxima autoridad en educación de la provincia; luego me abrazó con fuerza y me besó en la cara diciendo: Estoy feliz de vivir aun, y poderte pedir perdón por no creer en ti hija mía, esto te lo digo más que como macho, más que como hombre, como tú más ferviente detractor, y a su vez, como tú más orgulloso admirador.

-Snigf, Snigf - lloraba Isabelita imaginando participar en alguna ocasión, alguna escena tan hermosa.

-Mi padre, querida niña, jamás me ofreció un gesto de cariño, todo se lo entregó a mi hermano, a Emiliano, por supuesto que nadie imaginaria que pocos años después quedaría recluido a esa triste silla de ruedas, y yo bendecida a su cargo después de que su mujer lo abandonó.

-Tú lo quieres mucho- preguntó Isabel.

-Después de Dios, es lo que más amo en el mundo.

-¿Y por qué?, si te trato tan mal.

-Pues mi pequeña, porque cuando amas de verdad a alguien, lo haces a pesar de lo que es, o no es, tiene o no tiene, lo que te faculta a perdonar hasta las ofensas más terribles, incluso algunas que tu infantil mente no te permite imaginar.

Doña Flor, aunque vivía cerca de la niña, no salía de su casa más que para ir al doctor, por tanto no conocía del estado actual de la pequeña, y la tormentosa vida que llevaba. Lo que de cierta manera fue mejor, pues le permitía entregar a la viejecita un cariño despojado de piedad, y más bien parecido al de una verdadera mamá.

En la tarde y después del almuerzo, en la entrada principal, un constante golpeteo vino a estorbar el diálogo fascinante que entre ellas se generaba, era tan fastidiosa la insistencia, que la viejecita tuvo que casi correr para llegar y abrir la puerta, Isabelita la seguía de cerca muy asustada. Al abrir la puerta, un joven de aproximadamente veinte y dos años le extendió la mano a la viejecita y le entregó un sobre de papel, que se encontraba sellado claramente por muyuyo.

Aquel tipo jamás saludó, tenía los ojos rojos y un aliento a licor que lo traicionaba. Esto en nada extrañó a doña Flor pues conocía la calaña de aquel individuo y del resto de su parcería. La señora con dificultad procedió a romper la envoltura del sobre, al lograrlo, sacó una hoja escrita a mano que venía firmada con la rúbrica de Rocío Sancan, y en la que se leía textualmente lo siguiente:

Manta 27 de Marzo de 2002

Estimada Flor, envíame con Santiago a la niña, por favor, él la tendrá a su cargo hasta que regresemos del paseo. Querida, agradezco tu comprensión. Me despido con muchos besos.

Rocío Ernestina Sancan

La viejecita sonrió mientras movía su cabeza, respondió de manera radical pero apacible:

- Lo siento caballero, pero no puedo entregársela. - A continuación levantó su mirada y sin prestar un mínimo de atención a la figura ahí plantada, cerró la puerta de un certero golpe. Agarró con fuerzas a la niña y de nuevo la llevó a su cuarto.

Lo curioso en sí no fue la actitud beligerante de la viejecita quien resulta ante todo ser una dama y una persona amable, lo insólito fue que jamás hubo por parte de aquel individuo el menor intento por exigir una explicación, por la ventana de la sala, detrás de las escaleras, se lo pudo ver cómo sin prisa y más bien campante, tomó el rumbo que da hacia la cantina, sin voltear la mirada ni por remordimiento.

La casona vieja de doña Flor, era un libro abierto, lleno de fantasías y de misterios que se escondían entre los muros, cuadros y extraños aparatos dispersos a lo largo y ancho de la antigua edificación. Cada detalle contaba sin palabras muchos de los sucesos acaecidos en aquella ciudad durante el último medio siglo de vida. Esto lo convertía en un espacio místico, lleno de magia y de color para la niña, quien encontraba allí, lo que no podía hallar lamentablemente en su hogar. Ella y su longeva amiga elaboraban momentos enriquecedores en cultura y en existencia, los que a manera de instituto educativo formaban en la niña ciertos criterios que solo hubiese obtenido a través de la crianza de una madre.

Después de pasar parte de la mañana jugueteando, la señora se retiró por un largo momento, para realizar sus quehaceres cotidianos: atender a Emiliano, preparar la comida, arreglar la casa, atender la correspondencia, los números del hogar, entre otras cosas.

La niña entonces, quedó como ama y dueña de aquel enigmático lugar.

En aquella ocasión como casi siempre, empezó a husmear por todos los rincones de la casa, parecía estar en busca de algo, pero con los súbitos cambios de rumbo que tomaba, solo encontraba el saciar sus energías. Ya cansada de caminar sin destino, se enfiló hasta el cuarto de los cartones, así le llamaba Emiliano a un despacho en el que solía guardar cartones vacíos y armados, que compraba a los tenderos de la zona, para luego revenderlos a los recicladores de la ciudad. No siempre tenía suerte de guardar una cantidad considerable, pues otras personas en el barrio también se habían fijado en aquel negocio y le hacían competencia. Pero la mala suerte de él, era buena suerte para la niña, quien encontraba a veces un cuarto vació, y otras un hermoso lugar con pilares de cartones de dos metros de alto, los que en su vivaracha imaginación se convertían en las torres de su escondido palacio de cristal, en donde su corazón se perdía en el tiempo.

Aquel día guardaba una sorpresa especial para la pequeña, después de jugar por un buen rato y aburrida por lo redundante de sus travesuras, decidió subir a tomar algún refrigerio para calmar su sed, cuando salió de aquel sitio y casi llegando a la cocina, se percató de que el pequeño cuarto de estudio en el altillo de la casa estaba abierto. Este cuarto permanecía siempre sobre siete llaves, eso solía decir doña Flor para persuadir a la pequeña de que se alejara del lugar, por si algún día se le olvidaba cerrarlo. Pero con tal oportunidad, esta vez a la pequeña se le olvidaron esas palabras, incluso postergó el vaso con agua con tal de conocer aquella habitación.

Totalmente desaliñado, sin gracia, y con un desagradable olor a humedad desprendido de aquellas paredes de madera, este cuarto parecía ser más un estudio de grabación de películas de terror, que la oficina de estudios de una tierna viejecita. Un poco asustada y titubeante la niña entró, solo para darse cuenta que allí no existía nada en particular que le pudiese interesar. Cansada de buscar cartón por cartón, se subió en el sillón de un escritorio conservado en muy buenas condiciones, allí descansó por un momento y se puso a observar detenidamente, que cosa podría haber pasado desapercibida ante sus ojos.

Al inicio, en la entrada, innumerables trofeos, medallas y retratos de premiaciones se encontraban alzados en unas preciosas repisas talladas a mano, las fotos iniciaron un proceso febril en la mente de Isabelita, la que se vio transportada por su inagotable imaginación al pasado de doña Flor.

Al fondo de aquel cuarto casi no se podía percibir la luz. Tanteando, la niña decidió ir y acercarse hasta allá, pensó en encontrar algo que valiese la pena, pero solo se ganó un buen susto. Como todo estaba lleno de telarañas y polvo, ella tenía que apartarlas con asco, pero entre más lo hacía, más se le pegaban en sus manitos, lo que a su vez le producían resonantes estornudos.

Libros, revistas y boletines de diferentes temas culturales era lo único que encontraba, cada cierto tiempo, miraba por encima de su cabeza y sacudía los ciento cuarenta y cinco zancudos que le revoloteaban entre sus cabellos negros, ninguno le picó, pero todos la fastidiaban.

<< ¿Por qué no tendrá ventanas este cuarto?>> pensó, mientras se agachaba por debajo de una larga escalera amarilla cruzada de pared a pared...

Cuando creyó llegar por fin al fondo miró hacia atrás, al no divisar nada atractivo, se dio por vencida, y se volvió a sentar, pero esta vez sin fijarse en donde o en que lo hacía. Palpó con sus manos, y lo que sintió fue algo blando, suave y lanoso con forma asimétrica, lo que por fin llegó a intrigarla.

La oscuridad en aquella parte de la habitación era profusa, el techo cóncavo y lo estrecho de las paredes incrementaban la sensación de negrura, además la cantidad de objetos guardados allí, restaban espacio de maniobra y asentaban el olor a polvo. La niña tomó entonces la única herramienta que tenía para determinar qué cosa era eso que había descubierto. Emprendió así una nueva tarea, tocando con sus manos en todos sentidos al bulto y trasladando esa información a su imaginación. Como no alcanzó a rodear aquella masa totalmente desde su posición, pasó por encima de esta, para desde el otro lado tratar de hacer lo mismo, pero por debajo del objeto, que era el único lugar que le faltaba por inspeccionar. Rato después, se levantó del suelo apoyándose en el mismo bulto, se balanceó hasta un espacio verdaderamente reducido entre este último y la pared del cuarto. Con dificultad empezó a rotar su cuerpo, a pesar de que algo puntiagudo le estaba profiriendo un dolor intenso en uno de sus costados, se detuvo al no poder soportar más, por lo que retorno a su posición inicial. Con la mano más suelta buscó aquel objeto que le hincaba y logró apartarlo unos centímetros, así se escabulló y logró pasar a este pequeño espacio. Sin saber cómo, después de volver a rotar su cuerpo en sentido contrario para avanzar, notó que no lo podía hacer, se había   atorado con el mismo objeto que había apartado minutos antes, y entro en pánico inmediato. Comprendió que le sería muy difícil salir de aquella prisión creada por ella misma, y que doña Flor tampoco podría hacerlo, aunque para esto primero debían encontrarla.

Isabelita asustada empezó a llorar en silencio, trató de deslizarse pegándose a la pared del cuarto, cuando sintió algo firme cerca de sus pies, se subió en él. Como aquel improvisado peldaño soportaba, no dudó en seguir delante de la misma forma. Al separarse algunos centímetros, el pie que quedó detrás empezó a resbalarse con algo, se paró firme, se replegó, se inclinó buscando aquello que la hacía perder el equilibrio, y descubrió una envejecida lamparita de mano.

Era improbable que aquel aparato encendiera, pero sin nada que perder, lo intentó.

-¡Prendió! - se dijo muy sorprendida – sus miedos se calmaron, y aquella nueva herramienta le dio ojos en aquel encierro.

Cierto que la ayuda fortuita era de muy buena utilidad, pero la traviesa niña en lugar de buscar la salida, regresó cuidadosamente hacia el lugar en donde se había atorado, en donde descubrió formas y cosas que jamás había visto.

Con la linterna alumbró la pared del fondo, se vio extrañada al no poder interpretar un enorme bulto que divisaba desde aquella incómoda posición.

La niña descendió hasta aquel lugar, justo allí en donde sintió esas agudas punzadas, se acuclilló apoyando la mano libre en la pared, cuando estuvo frente a eso, un par de ojos negros y dos cuernos dorados frenaron sus ansias y empezó a gritar con todas sus fuerzas.

Desaforadamente trató de salir esquivando el desorden que ella mismo había formado, cerca de la puerta una gran caja le estorbaba el camino, con el tremendo susto que cargaba logró apartarla con dificultad hacia un costado, eso sí cuidando sus espaldas siempre, cuando tuvo el espacio suficiente para salir se acomodó para hacerlo. Casi había sobrepasado su último obstáculo, cuando patinó con un collar de piedras redondas botado en aquel piso, y se abalanzó bruscamente hacia atrás presionando con mayor fuerza los antiguos paneles de aquella pared, trisándolos de contado.

Al reincorporarse, la presión que ejerció sobre aquella fisura, terminó por hacer ceder una parte del madero de la pared, el que se desplazó opuestamente en relación a la niña, mostrando con ello un cuarto contiguo.

Atravesó con miedo la pared por aquel agujero que se había formado, avanzó a gatas y tanteando, dos y medio metros adelante, encontró una pequeña portezuela que había soportado todo el golpe del madero desprendido de la otra habitación. La niña empujó hacia un costado los restos de aquel panel hecho trizas, gracias al resplandor que llegaba del cuarto adjunto, Isabelita encontró en la puerta frente a ella un picaporte dorado con figuras muy brillantes, utilizando las pocas energías que le restaban, intentó abrirlo.

Después de varios intentos fallidos, lo desengancho, poseída nuevamente por el temor a lo desconocido, decidió empujar la portezuela gradualmente con una de sus palmas, la que rechinando terroríficamente se abrió con lentitud.

Segundos después, intentó tomar una bocanada de aire que le ayudara a recobrar su valor, pero la rigidez y los calambres abdominales se lo impedían, apretó los puños y sus dientes, fijó la mirada en un punto cualquiera detrás de la puerta, marcó mentalmente su objetivo y comenzó a marchar cantando en voz alta:

Que sepa el mundo que en marcha estoy, con mucho que ver y vivir, con cielos azules andando voy a un lugar que soñaba con ir...

Un interruptor por encima de la puerta tintineaba con una débil lucecilla, por el miedo aun latente, no lo pudo notar, pero un agradable repiquetear de cascabeles la alertó, ella se dejó guiar por el sonido hasta que dio con el aparato. Al encontrarlo, con recelo acercó su mano para tratar de activarlo, con suavidad colocó su pequeño dedo índice y presionó muy despacio.

<<Clac>> se escuchó como eco a su alrededor, pero con esto nada sucedió, volvió a repetir la operación, pero el resultado terminó siendo el mismo.

Pronto se cansó y regresó gateando por el mismo pasillo por donde entró, se volteó con dificultad y avanzó. Un metro después, notó que ahora una cortina hecha de cuerdas muy gruesa y pesadas estaban guindando e interrumpiendo su camino.

-¿Pero cómo, yo no la vi al entrar? – se preguntó temerosa.

Cuando colocó una de sus manos a escasos centímetros de sus ojos para tocarla e intentar ver de lo que se trataba, tropezó con una cuerda fina hecha de nylon, la que activo instantáneamente decenas de miles de foquitos multicolores, los que se encendieron junto a un equipo musical que tenía puesta música navideña, la que se empezó a escuchar.

La gran persistente curiosidad de la pequeña, le había permitido descubrir el secreto mejor guardado de su querido barrio lindo, uno que murió gradualmente con el pasar de los años y a la par del ocaso de los antiguos pobladores de la ciudad.

Su amiga "doña Flor", después de adornar con alegres preceptos la mente de sus alumnos durante su verde juventud, se dio cuenta que aún después de doce horas diarias de trabajo, le quedaba tiempo y energía suficiente como para desperdiciarlos en casa durmiendo o descansando. Por eso escogió el camino de la filantropía, y la enfocó obsesivamente hacia los niños más pobres de la provincia, para ello decidió trabajar de forma especial en las épocas más tristes del año, es decir; navidad, año nuevo el día de los niños, y uno que otro cumpleaños. ¿Por qué esas fechas, si son tiempos de amor y comprensión? Pues y aun cuando así parece, la realidad es que son fechas de regocijo para pocos.

Isabelita estaba gratamente sorprendida, veinte árboles de navidad adornados cuidadosamente y en distintas formas la rodeaban, una decena de pesebres mostraban bellas historias de aquellos tiempos.

Un sin número de regalos envueltos, aún tenían los nombre de quienes los habían enviado a doña Flor. Junto a cada uno de ellos, había una foto de una hermosa joven con un niño, cuadernos de primaria y un conjunto de reglas, lápices y borradores.

Los ciento veinte metros cuadrados que conformaban aquella habitación, estaban llenos de adornos alusivos a la natividad, había estrellas, reyes, pastores, guirnaldas, bolas de colores, muñecos de nieve, duendes del polo sur, todo con muy buen gusto.

Al salir de su asombro, la pequeña empezó a mirar todo y en todas direcciones. Sonrisas y carcajadas eran arrojadas con violencia desde la boca de la niña, pues aquella habitación era un verdadero obsequio para su estropeado corazón. Muñecas, muñecos, osos y un expreso polar a escala, se encontraban por todo el derredor de la habitación.

En el piso, una larga alfombra roja conducía hacia una pequeña gruta hecha con papel cartón, y pintada con acuarela verde, en ella, la figura de un bebe era embellecida por luces blancas y escarcha brillante color dorado, junto a él, una hermosa mujer vestía ropas típicas de la costa. Dentro de la cueva un leve y muy dulce sonido acompañaba los movimientos de las figuras, Isabelita quedo impresionada al observar el curioso parecido de aquel maniquí con una foto que guardaba de su madre, se tranquilizó y se llenó de paz, se acercó hasta aquel busto femenino y le tomó una mano, comenzó a cantarse su canción de cuna preferida, y se recostó en el suelo.

- Isabelita...Mija dónde estás – preguntó la anciana

-... - pero no había respuesta.

Algo ansiosa, caminó por toda la casa sin tener respuesta a su llamado, sin otro lugar más a donde ir o donde buscar, se dirigió al desván, llego hasta el pequeño cuarto de estudio, y descubrió el alboroto que la niña había causado.

Por su avanzada edad, no podía entrar por donde Isabelita lo hizo, así que por fuera de la habitación, se fue tanteando las paredes del cuarto con lentitud, a su vez se reprochaba haber dejado a la pequeña al garete.

<< ¡Ah!, es que ha pasado tanto tiempo, que ya no recuerdo ni por donde es>> pensaba en voz alta.

Una de sus manos encontró por fin la hendija que buscaba, la que se encontraba escondida por detrás del cuadro de San Nicolás. Se detuvo con algo de dificultad para hacerla girar de izquierda a derecha, después sacó una argolla de hierro que estaba atada a una cuerda vetusta y llena de moho.

<< ¡A ver! Aja, ¡sí! esta es>> se dijo halándola con fuerza.

Después de escuchar caer un objeto pesado al suelo, un chillido propio de la madera al agrietarse le confirmó que había localizado el lugar.

En la pared se delimitó una puerta bastante angosta, la pintura algo soplada dibujaba el rectángulo vertical por donde ella debía pasar, la empujó y con eso terminó por abrirla. El corazón apretujado por los nervios, le enviaba recuerdos de tiempos pasados, esto le hacían dudar si avanzar o no, pero su responsabilidad por la pequeña fue mucho más persuasiva, por lo que siguió adelante dejando sus recuerdos en el recuerdo.

Ya en aquel sitio, con todas sus fuerzas empezó a llamar nuevamente a la niña:

- Isabelita...Mija dónde estás – preguntó con afán

-... - pero no aun había respuesta.

La anciana recorrió aquel lugar de innumerables historias y se percató de que las luces y los juegos electrónicos estaban activados, sabía por tanto que la niña estaba allí.

- Isabelita...Niña ¿Por qué no respondes? – preguntó ahora con tono dulce.

- Ah... Aquí estoy – respondió al fin.

Doña Flor se dejó guiar por la voz de la pequeña, y la halló recostada junto a la efigie que hacía las veces de María madre de Jesús. Un pesebre singular adaptado a la costa del pacifico, acogió a la niña, la que desde la posición de la viejecita, parecía ser una más de las preciosas figuras que lo adornaban.

La viejecita se acercó y la rodeó con sus brazos, la miró con ternura y le sonrió, Isabelita todavía soñolienta, sintió como si alguien por piedad, la hubiera llevado a su verdadera casa, por eso al abrigar el sincero amor de su amiga, dejó que sus dolores más profundos brotaran de su interior, los que fueron aliviados por un llanto enérgico que guardaba con rencor, y que inconteniblemente brotaba de sus ojos. Así, pena por lágrima fue borrando, cerraba sus ojitos y gritaba mentalmente con todo su afecto:

<<PAPITO…PAPITO… TE EXTRAÑO TANTO PAPITO, VUELVE YA… NO ME ABANDONES, SOY TU HIJA PAPITO, SOY TUYA, SOY TUYA PAPITO… VUELVE PRONTO>>

La anciana que la contemplaba como un objeto frágil y delicado, no sabía el porqué de las lágrimas, pero la dejó llorar hasta que se calmó. Cuando lo hizo, le levantó la carita con una de sus manos y le preguntó:

-¿Qué te pasa Isabelita? ¿Por qué lloras hija?

-No lo sé doña Flor – respondió – creo que es de alegría, ¡Este lugar es tan bonito!

-Ay Mija, esa es la misma razón por la que yo no vengo ya a este cuarto, me gusta tenerlo solo en mi mente, aquí existen muchos recuerdos, que es mejor no traerlos al presente, pero mira por quien he tenido que romper esa decisión – le dijo sonriendo, luego acotó - este lugar tiene tanta alegría, que ya no cabe en mi pecho cansado – concluyó.

Después de aquel hecho, la señora y la niña entablaron una relación aún más estrecha, le contó de sus años mozos, y de cómo ella se encargó de repartir felicidad, le dijo que esta fue una idea de conjunto entre varios amigos del barrio, que llevó felicidad durante mucho tiempo, pero como este último no perdona cada muerte de un integrante, golpeaba con fuerza al resto de supervivientes, a tal punto que cuando quedaron solo dos fundadores de catorce, decidieron darlo por terminado. Intentaron hacer otro tipo de obras que no les acarreara tanto desgaste, pero dado que sus fuerzas ya no eran las mismas, no tuvieron el éxito deseado. Le dijo además, que aun cuando al principio la gente se resistió y sufrió por la difícil decisión de cerrar aquel mágico lugar, con la llegada de la televisión y luego de la computadora, aquel pueblo olvidó sus valores humanos, y permitieron que la degradación del ambiente familiar se intercambiara por ratos de ocio frente a estas cajas de "entretenimiento" hasta dejar todo lo conocido en el olvido.

La había escuchado por un buen rato, al salir del cuarto, justo cuando retornaba el picaporte interior a su lugar y situaba la argolla en donde correspondía, la niña mortificada por conocer cuál sería el destino de aquel cuarto, preguntó un tanto acongojada:

- Doña Flor ¿Puedo regresar? – dijo bajando su rostro melancólico.

- Niña linda... ¿Por qué te pones así?, como crees que puedo decirle que no a un ángel divino como tú, si dentro de ti crees que puedes encontrar algo aquí que te haga feliz, ven cuando quieras, las veces que tú quieras, a partir de hoy este lugar... es tuyo.

La niña se abalanzó con frenesí hacia la viejecita, la que debió sostenerse de las paredes con rapidez para no caer por el empujón, pero no la reprendió, siguió sonriendo y se la llevó a la cocina en donde la asearía y le daría de comer.

Desde aquel día, la pequeña volvería a ese rincón de la urbe con regularidad, conseguiría con esto limpiar las heridas que su alma recibía noche tras noche. Este sitio le daría un breve descanso a su corazón atribulado. Aquí recobraría fuerzas para vivir trabajando vendiendo sus rositas y para mentirse conscientemente, creyendo en el pronto regreso de su progenitor.

Entró y caminó por el frente de su amigo, luego sin esperar invitación a sentarse, así lo hizo. Movía la cabeza en forma repetitiva, de abajo hacia arriba, de arriba hacia abajo.

Brevemente miraba a los ojos de Estuardo, pero el gorro de trabajo que llevaba, no permitía contemplarle el rostro de amargura que tenía.

<< ¿Que le sucederá?>> pensó Estuardo, mientras contemplaba al exaltado muchacho.

Finalmente y por la cantidad de trabajo que tenía, preguntó intrigado:

-¿Qué te molesta muchacho?

-¿...?

-¿Qué te molesta hombre? ¡Responde!

El joven tartamudeó diciendo

– Estuardo, lo que sucede es que... lo que pasa es que... snigf. – Pero no pudo terminar la frase, quedando al borde de las lágrimas.

Estuardo, enojado por la interrupción de sus actividades, decidido a terminar con esta incertidumbre, se levantó de su escritorio y se acercó hasta donde el muchacho se hallaba sentado. Mostrando el efervescente clásico enojo del que tenía fama, firme y casi gritando le dijo:

– Mira José, tranquilízate, llevas diez minutos aquí, no hemos avanzado nada, yo tengo mucho trabajo pendiente, y por lo que sé, tú tienes el doble, así que respira profundo, cálmate, déjate de pendejadas y dime que carajos te sucede.

Aun sin parar de gimotear, el joven comenzó a explicar con lujo de detalles las razones por las que se encontraba, en aquella posición.

Diez minutos más tarde, Estuardo se encontraba aún más indignado por lo que había escuchado del muchacho, pero dado que José era un buen empleado y un buen hombre a la vez, prefirió asumir que todo esto era el resultado del maltrato que tuvo que asimilar en su anterior trabajo, así que se tranquilizó también, y dispuesto a ayudar psicológicamente al muchacho, retornó pensativo a su escritorio, analizando la situación, y buscando las mejores palabras para atender la situación.

Estuardo acostumbrado a las decisiones de contingencia en su empresa, no tardó en encontrar el modo de abordar al muchacho, con nada más que su sentido común. Por lo que una vez que tuvo clara la idea, lo increpó de la siguiente manera:

-Oye José

- Dígame don Estuardo – le habló el joven en voz baja.

-¡Háblame como barón que no te escucho¡

- Si…si don Estuardo, que le parece así- levantó la voz.

- ¡Eso, así está bien¡ - Con esto el senil hombre logró una primera victoria. Logró que José Ramón se concentrara en otra cosa que no fuera su problema – consciente de esto, no paró de hablar, y ahora le dijo:

- Muchacho, si yo te dijera que te lances de cabeza al piso desde este segundo piso ¿tú lo harías?

- Pues no don Estuardo, claro que no - respondió casi sonriendo José.

-¡Y entonces como es que cuando Soledad te dice que eres un emigrante inservible, me vienes aquí a llorar? – le dijo ahora más fuerte, y sin dejar de mirarlo a la cara.

- Pero eso es diferente – respondió el joven ecuatoriano.

-¡Diferente¡ ¿en qué? si las dos te conducen a la muerte.

-¿Co..co..Cómo que a la muerte? – Tartamudeó el joven, luego le dijo – No pues, solo una me conduce a la muerte, la de tirarme de cabeza al suelo – replicó.

- No mijo, las dos, con una podrías morir descerebrado por el golpe, mientras que con la segunda, yo, motivado por la cantidad de problemas que tengo, entro de repente en una especie de locura temporal, en la que no comprendo como un joven fuerte y decidido como tú, se inmoviliza y deja su puesto botado haciendo perder plata a la empresa, porque una "señorita" presionada por su trabajo le dijo "inservible emigrante", como yo no entiendo cómo es posible que la palabra de esta chica sea más importante, que lo que tú mismo piensas de ti, voy a mi escritorio, tomo mi revolver 38, y para evitar más pérdida de tiempo o de dinero, decido terminar con los dos irresponsable que la provocaron, regalándoles un plomazo a cada uno ¡viste que las dos si llevan a lo mismo¡ ¡por menos han matado aquí en Estados Unidos¡ - concluyó diciendo.

El joven muchacho un tanto asustado, pero sonriente esta vez, se dio cuenta de que esto era verdad, que él no tenía que dar mayor importancia al criterio bueno o malo que otras personas tuvieran sobre su valía, era él quien sabía exactamente lo que hacía bien o lo que hacía mal, por esto, cabizbajo y con la lección casi aprendida, le respondió:

-¡Tiene razón¡ y entiendo el ejemplo, pero es que las cosas para usted son más fáciles de ver, usted ya es ciudadano americano.

-¡No te entiendo explícate mejor?

-Usted no tiene problemas, yo si... y muchos, pues soy latino, no sé inglés y por último no vengo ni de México, ni de Argentina, que aquí, son los países que más se respetan, yo vengo de Ecuador.

-Ah ya, con que eso es lo que te molesta, pues bien, no te hablaré de mí, porque todo lo que has dicho es verdad, pero tampoco es menos cierto, que llegue aquí en peores condiciones que las tuyas, pero como te dije, no hablaré de mí, solo respóndeme algo: ¿vistes por televisión los juegos olímpicos de Atlanta 94?

-Claro, pero ¿Por qué lo pregunta?

-Porque allí, un joven repartidor de periódicos, un vendedor de loterías, con el mismo problema de nacionalidad "ecuatoriana" que la tuya, participó en el evento de los veinte kilómetros marcha, aun a sabiendas de a quien representaba. En aquella ocasión, este muchacho, le faltó el respeto a los organizadores, a las grandes potencias del mundo en este deporte, pues se atrevió a cruzar la meta en primer lugar. Esto a pesar de que sus competidores tenían un presupuesto económico veinte veces mayor que él, pero a Jefferson no le importó en lo absoluto esto, y simplemente no creyó que aquello fuera impedimento o motivo suficiente para no poder triunfar. Se alzó por encima sus raíces y de sus problemas económicos, confió simplemente en él, y triunfó.

-¿Y eso será suficiente?- preguntó José.

-Esa es la base de todo, no creas que para mí todo fue fácil, al contrario, fue durísimo, pero al igual que Pérez, tengo una fijación con respecto a mis objetivos

-¿Pero es él un atleta y usted un comerciante?

-Así es, pero nuestro objetivo es el mismo, llegar a la meta sin mirar hacia atrás o a los costados, solo para el frente. A ti te parece que existen diferencias entre los dos, pero realmente no las hay, él quiere marchar hacia su meta olímpica, yo quiero llegar a vender lo que mi meta me plantea, él se ha llenado de especialidad en años marchando, yo en años produciendo, la pista por la que él va es de veinte kilómetro de asfalto, la mía es el mercado de mariscos en cinco países, él tiene afición - pasión por la marcha, yo pasión por mí negocio. Vez, somos iguales, pues independientemente del lugar donde nacimos, nuestra forma de pensar es igual, por eso te repito, es en tu cabeza entonces en donde empiezan las victorias duraderas, es allí, donde tanto Jefferson como yo, deseamos obtener lo mismo, deseamos ganar.

-Adicional a esto, y como complemento, los dos pusimos amor a nuestras actividades, el por su parte, luchó contra un sistema "anti gloria", egoísta, propio del egoísmo clasista de su patria, a la que nunca le reclamó nada, y a la que le está dando todo, peleó contra todas las vicisitudes que trataban de impedir su progreso, venció sus miedos, rompió los esquemas de obligación, y ganó por diversión, no lo hizo por el cariño de su gente, no lo hizo por su patria, lo hizo por él, por que ama lo que hace y le gusta hacerlo. Y así sin querer demostrar nada a nadie, expuso ante el mundo entero, que no importa de dónde eres o de dónde vienes, siempre que desees algo de corazón, no te amilanes, no te rindas, mejor pide y se te dará, golpea las puertas y te abrirán, busca y encontrarás, pues nuestra naturaleza es especial, igual que la tuya, o la del vecino, o la de quien sea, no existe una sola ley en este país, o en el tuyo, en la que se te impida triunfar, tú gozas de las mismas oportunidades que las de todo el pueblo, simplemente debes convencerte de querer tomarlas, allí están, frente a ti , todo depende de ti, ahora dime muchacho ¿ qué es lo que vas a escoger para tu vida?

Escuchando con atención, una imagen llegó a la mente del joven, luego la exteriorizo al decir:

-Jefferson Pérez... nuestro campeón ecuatoriano.

-¿Que dijiste?- le pregunto Estuardo haciéndose el desentendido.

-Que tiene otra vez razón, yo leí acerca de esto que me comenta, como fue su vida, y todo lo que sabiamente ya usted dijo. Las dificultades durante su crecimiento ¡fueron etapas duras¡ además leí de cómo él busca la excelencia a través de su esfuerzo – terminó diciendo.

-¡Exacto hijo!, si Jefferson hubiese hecho caso a los comentarios y críticas que los demás competidores hacían sobre él, entonces de seguro hubiese llegado en el último lugar, o no hubiera terminado la carrera. Pero no fue así, ni siquiera hizo lo contrario, que era demostrar por odio lo que en verdad era capaz de hacer. De forma general te diré, que esto es lo que la mayoría de personas utilizan para motivarse y avanzar hacia sus objetivos, pero esta forma aunque te puede llevar al éxito, está llena de sufrimientos y deseos de venganza que vuelven vacía tu vida. El camino que nuestro campeón escogió, fue el mismo que yo asumí para con mis actos, y es un camino que enriquece tu conciencia.

- ¡Mi conciencia? ¿Y cómo?

-Simple, teniendo los ojos abiertos en un solo objetivo a la vez, si lo haces de esta manera, tu andar se realiza por una vida de decisiones responsables, las que se toman en el momento y en el lugar que requieren ser tomadas. Pero no te confundas, esto por sí solo no te llevará al éxito, te hará la vía menos escabrosa, pero no invulnerable a los fracasos, los que de cierta forma son necesarios para formar tu carácter y tu objetividad, sobre todo aquello que es realmente importante. En ese aprendizaje entenderás otra cosa que te brindarán las derrotas parciales.

- ¿Qué cosa? – dijo José.

- Aprende a desechar lo malo de las experiencias y quédate solo con lo bueno, incluso olvida todo eso inservible que aprendiste durante tu formación infantil, eso de lo que fuiste objeto por parte de la sociedad entera. Luego asume tu compromiso con la vida, confronta cada uno de los resultados de tus decisiones malas o buenas, el beneficio que obtendrás será el del aprendizaje, que te volverá hábil para resolver situaciones dinámicas y de contingencia, te prepara para un mundo cambiante y lleno de injusticias.

-OK, y con eso si ¿Verdad?

- Nadie tiene echa la receta del éxito preciso, yo solo te estoy entregando herramientas que minimizarán el riesgo, nada más – dijo Estuardo.

- Como "herramientas", o sea que hay más.

-Muchas más, pero solo te daré dos más, las otras tú las encontrarás; después de que respetes tu compromiso con la vida, debes de llenarte de "tranquilidad" que no es lo mismo que pasividad, con la tranquilidad, ajustas y calibras tus emociones a tus conveniencias. Es decir te facilita el caminar por vías estruendosas y peligrosas, relajando tus acciones, hasta que todo se convierta ante tus ojos en quietud. Esto se puede explicar mejor con un famoso dicho cubano que reza de la siguiente manera; si tu enfermedad no tiene cura...para que te apuras y si tiene cura...para que te apuras, es un camino de varias vías con un mismo destino, el beneficio que se te otorga es el de la salud, con la cual te aferras al éxito inclusive aun no queriéndolo, pues la desbordante energía que obtienes al no desperdiciarla preocupándote, o culpándote por las cosas que suceden, se transforman en una coraza que combate desde dentro de tu cuerpo a todas las afecciones que se pretendan infiltrar, esto redunda en una mayor atención a tus ocupaciones, volviéndote más productivo. Pregunto yo ¿Acaso enfermo trabajas mejor?

- Pues no, ¡obviamente¡ – respondió el muchacho.

- Entonces...para que te apuras con lo que Soledad te dijo.

-Pues, de verdad que no sé qué decir...

-Muchacho, con estas herramientas, haciéndolas trabajar a tu favor, veinticuatro horas al días, tres cientos sesenta y cinco días al año, estarás listo y preparado para empezar a triunfar, cuando estés convencido de todo esto que te he dicho y lo practiques, no demorará el día, en el que ese éxito que deseas, llegará y golpeará tu puerta, cuando ese momento llegue, no lo rechaces ni lo cuestiones, solo gózalo.

José Ramón impávido y en silencio, empezó a tomar notas mentales, de todo lo que su patrón le había regalado.

Por unos momentos sintió alegría y paz, por tanto creyó en las recomendaciones, y trataría de ponerlas en práctica de inmediato.

El muchacho se levantó de su asiento, extendió su mano en señal de agradecimiento, siendo inmediatamente correspondido por su principal.

Antes de salir de la oficina, el joven volteó hacia atrás diciendo – O sea que como quien dice... me salvé de morir hoy – y se carcajeó – JAJAJAJAJAJAJAJA – regresó la mirada hacia la puerta y se marchó a cumplir con sus ocupaciones

José se propuso mantener firme lo aprendido, pero como le pasa a la mayoría de las personas con sus promesas de año nuevo, tal juramento solo se mantendría con él, mientras la emoción del momento le durare.

Estaba claro que todavía le faltaba consistencia en su andar, entrenamiento de vida, el que se le brindaría como última lección, en los próximos seis meses.

Amanecía en el Barrio Lindo cuando Isabelita a diferencia de los otros días, sin necesidad de bullas o de escándalos, se levantó presurosa a vestirse. Empezó a realizar sus quehaceres con eficiencia por el profundo deseo de asistir a una función teatral gratuita que promovía el ilustre gobierno municipal de ese cantón.

A media mañana, ya viajaba junto a sus compañeritos de clases en un colectivo de la línea "Los Delfines", el destino, el auditorio de la Facultad de Ciencias Administrativas de la Universidad Eloy Alfaro, lugar en donde se ofrecería la obra infantil.

Tomando la avenida alterna al colegio Cinco de Junio, un objeto metálico del tamaño de una canica fue arrojado por un ebrio irresponsable desde la calle contigua, la pequeña esfera entró rompiendo el cristal de una de las ventanas del colectivo, y golpeó de lleno a Raulito López en la cabeza. La sangre caía a borbotones sobre el uniforme del niño, mientras los compañeros de cursos superiores asustados prevenían al chofer del incidente. El bus regresó unos veinte metros en contra vía, para tomar la ruta rápida que da acceso al Hospital de Seguro, el que se encontraba a escasos cinco minutos.

Cuando llegaron al mencionado sitio, todos los niños fueron enviados de vuelta a sus casas.

Isabel impactada por el suceso decidió quedarse con su compañero, aun y en contra de lo dispuesto por las autoridades del plantel.

El zafarrancho que se había armado, le permitió escabullirse sigilosamente entre el gentío apostado en la puerta del transporte escolar, luego de eso pasó sin resistencia por entre los guardias de aquel hospital, los que estaban de lo más entretenidos observando los detalles del accidente.

Cuando las personas se dispersaron, corrió desesperadamente al cuarto de emergencias, lugar hacia donde llevaron a su compañerito. Los alaridos de dolor provenientes de aquel sitio, se transformaban en gruesas y toscas muecas en la cara de la niña, quien había empezado a sentir en su cuerpito extrañas respuestas y sensaciones al miedo que la invadía.

Perdiendo energías de a poco, la pequeña se movía intranquila de pared a pared, en un lado de la sala de espera una efigie de madera de la Virgen de Monserrate, parecía observarla con compasión, al lado opuesto del lugar, en la ventanilla de información y atención a clientes o familiares, la madre del pequeño lloraba y preguntaba angustiada acerca del estado del menor, desde dentro una enfermera la tranquilizó y le informó que solo le estaban cogiendo cinco puntos, que el procedimiento era normal, y que no había nada de qué preocuparse, todo esto escuchó la niña, quien con un suspiro acotó:

- Ufff, ya era hora, me mataban los nervios.

Con esto Isabelita imaginó que sus funciones corporales empezarían a recuperarse, puesto que a causa de la impresión, sintió como perdió levemente motricidad y coordinación mental, o por lo menos eso es lo que ella creía.

En la vigésima cuarta vuelta que la niña daba en aquel sitio, se percató que detrás de una mampara de cristal que lucía desolada y oscura, dos siluetas claramente definidas, se movían estrepitosamente. Sin detenerse a pensar en lo imprudente que podría ser el acercarse a un sitio oscuro, lo hizo, cuando estuvo lo bastante próximo al separador de ambientes, notó que en el costado izquierdo de aquella pared, había una puerta muy bien disimulada, haciendo gala de su imprudencia, tomó la chapa de pomo y la empezó a rotar, al escucharse el clic respectivo a su acción, la puerta se abrió unos milímetros. Sin esperar que la invitaran, la empujó con fuerza y de forma deliberada se metió en aquella habitación.

Al sentir la presencia de la niña, una figura masculina se acercó a uno de los muros del lugar y accionó el interruptor de las luces fluorescentes. De las cuatro dispuestas bajo el tumbado de láminas de yeso, se prendieron dos, las que iluminaron con intermitencia el lugar.

La claridad permitió ver a un hombre y una mujer vestidos con mandiles blancos, de sus cuellos colgaban estetoscopios destartalados y de sus bolsillos sobresalían banditas y esparadrapos.

La niña se acercó a la pareja, se detuvo frente a la mujer y empezó a mirarlos esbozando una gran sonrisa en su rostro. La mujer aceptó el gesto de la intrusa sorprendida y lo devolvió cortésmente, mientras limpiaba de sus ojos el rímel corrido y de su barbilla la pintura labial diseminada. Isabelita atendiendo a los sabios consejos de doña Flor, extendió su manito y profirió un respetuoso saludo:

- Buen día caballero, buen día señora, me presento a ustedes, soy Isabel María Sacan Tumbaco, vengo del Barrio Lindo, y estoy a sus órdenes. ¿Cómo están ustedes?

- Snigf, snigf – sollozaba la mujer, quien muy educadamente respondió – bien pequeña, estamos bien, yo me llamo Vanesa Soledispa y estoy a tus órdenes también.

- Encantada – dijo la niña, preguntando enseguida muy curiosamente - ¿Qué les sucede?

- Este… sabes que mijita, es mejor que te retires – Dulcemente le respondió la mujer, agregando además – No entenderías son cosas de adultos.

Y mientras ella seguía hablando, la niña parecía perder el ritmo de la conversación, arrítmicamente movía sus ojos en varias direcciones, para después mover también la cabeza, aunque imperceptiblemente para los galenos apostados frente a ella. Mientras los segundos de diálogo transcurrían, la pequeña paulatinamente iba perdiendo su sentido de la audición, y aunque no se asustó en principio, si estaba en efecto sorprendida pues jamás había sentido cosa similar. El corazón de la pequeña latía más rápido que lo normal, un frío intenso recorrió su cuerpecito concentrándose de mayor forma en el plexo solar, sintió como miles de hormiguitas le subían por los tobillos y descendían a nivel del abdomen repitiendo el ciclo vez tras vez.

En el mismo momento en el que dejó de escuchar sonidos, empezó también a recibir las imágenes presentes del ambiente que le envolvía, en cuadros que se movían lentos y coloridos, brindándose ante sus ojos, observó el movimiento desigual de los labios de la mujer, acompañados de un ritmo respiratorio que jugaba entre su pecho y su espalda.

Todo alrededor de ella se transformó en silencio, murmullos incomprensibles le empezaron a provocar mareos cortos pero repetidos.

Un adulto chispazo inusual le permitió descifrar en la mirada triste de Vanesa todo lo que ella estaba sufriendo, ya sabía cómo actuar.

Aunque le pareció una perpetuidad todo este episodio extraño, realmente el tiempo transcurrido fue de cincuenta y cinco segundos. El malestar de la niña se marchó de la misma forma en que llegó.

Cuando Isabelita recobro sus sentidos, se percató de que este fugas episodio les fue imperceptible para a los adultos junto a ella, aun escuchaba decir a Vanessa las últimas palabras que habían expresado;

-No entenderías son cosas de adultos- replicó la mujer.

Isabelita, procedió y sacó lentamente de su mochila una carpeta de cartón, que se encontraba sujeta con ligas blanquiamarillas por el lado superior derecho. Al soltar las uniones, metió una de sus manos y removió varias hojas buscando un documento en particular.

Los adultos no salían de una graciosa impresión, miraban a la pequeña y luego se miraban intrigados.

Cuando encontró lo que buscaba sonrió nuevamente, y parándose derechita, miró a la joven muchacha y le leyó en voz alta:

-¡A cada uno de nosotros, en cualquier momento de la vida, nos llega nuestra propia estrella de Belén! ¿Sabía usted eso?

Desconcertada ahora más que nunca, la mujer movía sus hombros y pensaba << ¿De qué se tratará esto? ¿Será que el imbécil de Santiago lo planeó?>>, no comprendía lo que esta imprudente niña trataba de decirle, ya el solo hecho de haber entrado sin permiso era bastante irritante, como para tener que aguantar ahora las incoherencias cerebrales de la pequeña. Intentó manejar con altura la situación, para no ser grosera con la niña, se calmó y con mucha paciencia exclamó:

-...Realmente no te entiendo niña, ¿Qué es lo que quieres decirme?

Extrovertida como siempre, Isabelita le dijo:

-Señora, Dios nos habla a cada uno de nosotros, en el idioma que mejor lo podamos entender, a muchos los llama por su trabajo, o a través de un familiar, o por medio de los sueños, en todos los casos el camino siempre nos lleva a él, así como los tres Reyes Magos llegaron a Jesús llamados y guiados a través de una brillante estrella en el firmamento. En cualquier momento, con cualquier tipo de señal y en cualquier circunstancia, Dios puede estar tratando de decirnos algo. Si permanecemos alerta como dice doña Flor, veremos el brillo reluciente de nuestra Estrella de Belén, la que nos guiará definitivamente hacia la felicidad. Ahora mismo puede ser que a usted la esté llamando y que vivir el amor y el perdón junto a su esposo, sea el brillo que su estrella esté por desprender- terminó diciendo, mostrando una humilde sonrisa.

Doña Flor, periódicamente le enseñaba didácticamente a la niña, los pasajes Bíblicos más trascendentes, y la verdadera razón del amor.

Para una mejor comprensión de la niña, le había impuesto como norma de vida, que todos los días procurase regalarle a los más necesitados algo que ella deseara para sí misma, y puesto que ella quería comprensión, cariño y amor, era eso lo que se esmeraba en dar.

<<Un obsequio mijita... no siempre es algo material... es algo que ante todas las cosas...trae felicidad... y esto solo es posible al entregar, los mejores obsequios que disponemos los seres de esta tierra>> Le dijo en alguna ocasión la viejecita a la niña.

Para despejar las dudas de la pequeña, le hizo una lista, que Isabelita cargaba consigo todos los días.

<<Un beso, un abrazo, una oración sincera, un buen deseo, o compartir las penas de los días, son excelentes regalos por entregar siempre>>

Así que Isabelita, de todas las frases que la ancianita le enseñaba, escogía siempre cinco y las anotaba en un papel. Cuando encontraba la oportunidad perfecta, las regalaba como mensajes de amor, lo curioso de este caso, es que por alguna razón, la niña escogía con solo mirar a las personas, las frases y palabras acertadas para sus condiciones actuales, era como si alguien hablara a través de ella.

Vanesa quedó impávida ante la seguridad en la palabra de la pequeña, y recordó con ternura sus antiguas clases de catecismo, las que recibió en su entrañable escuela María Auxiliadora

-Ante todo esto, y sin sentir ya la arremetida de la iracunda dama, el joven doctor golpeado y vejado por esta última, fue descubriendo su rostro gradualmente hasta poder observar con claridad a su heroína. El hombre al notar lo aplacible de la situación y queriendo ganar puntos con la susodicha, intento colarse en la conversación utilizando para esto un lenguaje sencillo y dócil:

- Hola lindura, que haces por aquí solita.

- ¡Cállate imbécil! No te me vengas a hacer el acomedido – respondió la mujer al reconocer las intenciones amigables del joven profesional.

- Pero Vanesa, mi amor cálmate, tu sabes que Dios dice…

- Mira pendejo, primero no me digas amor y segundo has silencio, que a ti no te creo ni el Padre Nuestro – replicó furiosamente la mujer.

- Tienes una semillita en tu barriga ¿verdad? – preguntó la niña.

- Snigf, snigf, tuve – respondió llorando nuevamente Vanesa.

- Lloras de felicidad ¿cierto? – interrogó Isabelita a la mujer.

- ¿Felicidad? Te acabo de decir que tuve, es decir que se fue.

- Por eso mismo, aunque hayas perdido un niño, ahora tienes un angelito que te cuida desde el cielo – dijo sonriendo nuevamente.

- Este…sí, mi niña, pero mejor vete a jugar, yo estoy muy cansada y debo volver a mi trabajo - le dijo la mujer un tanto desorientada.

- Esta bien, me dio gusto conocerte – y sacando de su mochila un sobre sellado se lo entregó diciendo – hoy le iba a enviar este dibujito a mi papá. Pero le puedo hacer otro, este te lo regalo a ti, chao – con lo que la niña se alejó de aquel sitio.

La mujer, aun deprimida, tomó aquel sobre, y lo dejó en la banca, sacó un pañuelo de su mandil y se secó las lágrimas que aun derramaba. El doctor que había presenciado la interlocución de la pequeña, aún estaba atónito, pues aquella niña le había enseñado el camino por donde debía empezar a rectificar su proceder, y el cómo hacerlo desde ahora, sin lastimar a su pareja.

El doctor volteó su mirada hacia Isabelita, mantuvo una sonrisa al verla partir, cuando la pequeña se giró para salir del lugar, el doctor le regaló en silencio tres palabras:

¡Nunca te olvidaré¡

Han pasado ya seis meses desde que José Ramón llegó a Harrisburg, en Pensilvana, aún tenía algo de los ahorros que había podido recaudar trabajando con don Estuardo, del que se despidió "momentáneamente" para aclarar sus ideas y probar suerte en otro estado. Además de librarse de una vez, del acoso incesante de los coyoteros que le habían encontrado en New Jersey.

Los últimos 15 días han sido muy duros. En la casa de los Álava, allí donde se había asentado temporalmente, llegaron unos familiares de improviso y no había cuarto para tanta gente. Con mucha delicadeza, doña Ernestina le sugirió buscar por un corto tiempo, un lugar en donde por lo menos pudiera refugiarse del inclemente clima. Pero no había tenido suerte

Eventualmente se quedaría donde los Parra pagando 20 dólares la noche, no encontraría un sitio más barato que este, o por lo menos uno en el que coincidiera todos los días.

La noche del 20 de febrero fue para olvido, no había probado bocado y todos los albergues o casas de compatriotas estaban llenos. Cuando José Ramón se encontró solo siendo las veinte horas treinta, se llenó de tristeza, abrazó la distancia que lo separaba de su entrañable hija, y sollozando, dejó de pensar, y se dedicó a sentir.

- Hija mía… Esto lo hago por ti - Cabizbajo y tratando de creer en lo que decía, lo repitió por dos ocasiones más

- ¡Hija mía… Esto lo hago por ti! ¡Por ti!

- ¡Aguantaré lo que venga! Pero no claudicaré, lucharé por ti, trabajaré por ti, te daré lo que necesitas, todo lo que a mí me faltó, todo lo que en ese país hijue puta no pude tener.

- Ya he dibujado nuestra casa, con un patio amplio, como a ti te gusta, con un césped verde y elegante, con un pequeño parque infantil a donde puedas llevar a tus amiguitos a divertirse… a divertirse.

- También tendremos un carrazo, de esos donde entra toda la familia, el color, ese sí, ya lo elegí yo, es uno bien raro, pero me imagino que bien aniñado "marrón siena", verás la pica que sacaremos.

- Tendrás buenos amigos, pues te haré matricular en una escuela jailai, ¡por eso tengo que seguir luchando! ¡Por eso es que voy a aguantar!, por eso quizás, a lo mejor hoy día duerma debajo en algún portal - Esta última frase lo llenó de miedo, pues sabía de otros ecuatorianos que se habían dormido a la intemperie, y no habían despertado nunca, al morir por hipotermia.

Sin darse cuenta, había recorrido más de ocho cuadras, el dolor en sus pies aunque soportable, era novedoso, y por tanto lo tenía que vivir, es así que con malestar a cuestas, prosiguió en su camino sin rumbo, sin saber   adónde, simplemente caminó.

Eran tan rudo el viento, que la nieve, al golpearlo de frente, le restaba visibilidad, por lo que al llegar al final de la calle Main, paso por alto un pequeño detalle, el semáforo estaba cambiando de rojo a verde, y eso allí o en su pueblo, significaba lo mismo, SEÑORES PEATONES "ALTO" QUE LOS VEHÍCULOS VAN A PASAR.

Por el mismo efecto que la nieve producía en su visión, sin poder ver dos metros delante o dos metros detrás, un Lexus concho de vino del año, tampoco lo vio pasar. Lo embistió a más de 35 millas por hora. Como esta era una calle de una sola vía el chofer trato de evadir al muchacho frenando, así solo lo golpeó con el costado, pero los nueve carros que venían detrás de él, chocaron en cola y aparatosamente. José Ramón fue enviado por el golpe a más de tres metros de distancia, con relación al vehículo y a tan solo veinte centímetros del parterre, lo que confabuló para evitar un desastre mayor.

Al día siguiente, luego de haber permanecido por 14 horas inconsciente, se despertó sobresaltado, miró por todas partes asustado, sin comprender todavía las causas de aquel dolor insoportable en su pierna derecha, en las costillas del mismo lado y en su hombro izquierdo. Al tratar de incorporarse, una punzada en su costado herido lo hizo cambiar dramáticamente de idea, más ahora con un poco de conciencia, repaó con su mirada y con parsimonia, este lugar en el que se encontraba confinado.

Las conclusiones más fáciles de tomar fueron las de su estado de salud, las causas y el por qué, eran realmente lo que le intrigaba, tanto así que no le importaba por ahora saber en dónde estaba y cuánto tiempo se quedaría.

Pasaron cuatro horas y media cuando por fin alguien irrumpió en el cuarto.

- ¡Hola! cómo te sientes, soy el doctor Akihiro, no quiero entrar en detalles sobre tu imprudencia, o la de mi hijo, simplemente quiero que sepas, que no tienes nada grave, y solo te encuentras con politraumatismos leves.

- Disculpe doctor, y por qué no me siento tan bien como usted lo asegura –le dijo el muchacho.

- Mira hijo, es normal que no te sientas bien, los golpes en la Tibia o Peroné son muy dolorosos, pero como te repito, para nada peligrosos, vas a sentir estas molestias por unas tres semanas aproximadamente, después y en adelante el dolor ira bajando paulatinamente - En cada intervención, se notaba lo indispuesto que se encontraba el anciano con la situación, así que el herido decidió probarlo, utilizando para aquello tonos desafiantes e irrespetuosos, con el fin de obtener respuestas

- ¿Qué sucedió? - pregunto José Ramón con cara de pocos amigos.

- ¿Cuál es tu nombre? - respondió con otra pregunta el doctor.

- Me llamo José Ramón Sacan Chávez, y soy un ¡ecuatoriano ilegal!, si es lo que desea saber.

- Tranquilo muchacho, porque tan agresivo.

- ¡Míreme! ¿Le parece poco?

- No, claro que no, es más, te comprendo y es por esto que ya mandé a llamar a Steve, para que converse contigo, y dado que no puedo hacer más por ti, es mejor que me retire para dejarte descansar - y sin más ni más, giró con violencia y precipitadamente salió de la habitación.

A partir de este momento, las dudas empezaron a restarle conciencia al irascible ecuatoriano, quien no hacía más que revolcarse despierto a lo ancho de su confortable prisión.

Este paseo inusual e inicuo para su mente, lo llenó de ansiedad y de estrés, hasta que por efectos de este último estado, volvió sumisamente a los brazos de Morfeo.

- Señor – con un español masticado murmuraba un gringuito mientras hincaba con su dedo índice por varias veces el brazo izquierdo de José Ramón.

- Ahh, muach, ¿Qué...?. Era lo que atinaba a decir el ecuatoriano despertándose de improviso.

- Señor, me llamo Steve, yo fui quien lo recogió - con mucho temor hablaba el joven norteamericano, quien se había situado a un metro de distancia del herido.

- ¿Recogió? ¿De dónde?- preguntó totalmente desubicado el muchacho latino.

- La verdad es que no lo vi, salió de repente, por eso no pude evitar golpearlo con el auto.

- ¿Y... cuando sucedió esto?

- Antes de ayer, como a las nueve de la noche...yo venía solo, no había bebido nada, se lo juro - titubeante, y al parecer poseedor de un carácter sencillo, el gringo se excusaba con José Ramón, y sin pedirlo directamente trataba de obtener el perdón del ecuatoriano.

- Estaba nevando muy fuerte... si lo recuerdo, el viento me cegaba al caminar, y te soy sincero, venía distraído, yo tampoco vi tu coche - esta última afirmación, le quito a Steve un peso de encima, e inmediatamente se acercó a la cama del herido, y le dio unas palmaditas en el hombro más cercano a su mano derecha.

- Steve me dices que te llamas ¿no?

- Sí señor, ese es mi nombre.

- Bueno el mío es…

- José Ramón, ya lo sé, mi padre estuvo aquí contigo y tú le dijiste eso, y que eres del Ecuador, un país muy bonito, que además de conocerlo, será mi segunda patria.

- ¿Y eso? ¿Cómo así?

- Si… después de dos semanas, contraeré nupcias con mi novia Leonor, ella es de Ecuador, y como toda su familia vive allá, viajamos a pedir su mano en casamiento, no obstante y gracias a Dios, encontré más que eso, pues durante mi estadía en tu país, quede prendado y perdidamente enamorado de la ciudad de Guayaquil, encontré el sitio soñado, en donde quiero pasar el resto de mis días, un lugar que tiene a mi parecer, el tamaño perfecto, ni grande, ni pequeño, un lugar donde poder ejercer mi profesión, sin complicaciones, sin tráfico, sin ruidos incesantes, sin dementes extremistas, vida alocada y por sobre todas las cosas bello por donde se lo mire, pues los paisajes y alrededores de esta ciudad son definitivamente para adornar los más bellos paisajes de un cuento de cuentos.

- … Amigo en verdad me dejas sin habla - le replicó José olvidando por completo el motivo que los tenía frente a frente, y continuo diciendo; – Pues mientras tú te vas, yo vengo, que ironía, que pequeño es el mundo y los caminos cortos, yo debí salir de mi patria a buscar días mejores, y tú te vas para allá buscando lo mismo. Ahora melancólico hablaba el muchacho; - ¿A qué te dedicas Steve, si se puede saber?

- Soy Operador Bancario, y tengo estudios superiores en Administración de Empresas.

- ¿Y qué es lo que piensas encontrar allá?! Ese país está quebrado! ¿No sabes?

- Sé que ha tenido problemas últimamente, según mi papa la clase política vive desangrando constantemente al estado, por lo que él está seguro, que en el futuro próximo vendrán problemas similares o peores.

- Tu padre sabe lo que dice, y estoy de acuerdo con él, ¿acaso tu no?

- Así es José, yo estoy de acuerdo, pero no por eso, evitaré vivir mi destino, y eso es lo que yo quiero, y nadie podrá evitarlo. Me imagino, que tú antes ve venir para acá, debes de haber tenido situaciones parecidas a la mía.

- Tienes razón así fue, pero aquí hay trabajo, en cambio allá, no hay nada ¿de qué vas a vivir?

- Todavía no se concretamente nada, pero me oriento más al comercio

- ¿Comerciar qué?

- Te lo digo, no lo sé aun, estando allá lo veré.

- Ah eres rico ¿cierto?

- No, el que tiene dinero es mi padre, pero más que eso tiene ejemplos, yo no tengo nada.

- Ejemplos… ¿qué quieres decir con eso?

- Mi padre es chileno, con descendencia japonesa, cuando mi abuelo llegó a Santiago, fue contratado por la empresa estatal del cobre, primera fuente de recursos del país, cuando su hijo, es decir mi padre se tituló como doctor, mi abuelo, pagó fuertes sumas de dinero, para hacer que contrataran, a mi padre como médico de la institución en la que laboraba, y así fue que durante varios años, él estuvo a cargo del departamento médico y de las situaciones relacionadas a este sector. En ese entonces, en aquel país como en el tuyo, existía una materia prima predomínate que financiaba los presupuestos del estado "el cobre" (en Ecuador el petróleo). Pues el cobre era la principal fuente de corrupción y saqueo político, hasta que llegó una dictadura militar, con la que se puso fin a toda esta porquería y se refundó la nación, esa fue la parte buena, pero el método para realizar dicha limpieza fue terrible, durante los años que duró la dictadura miles de personas murieron, en especial aquellos parcializados con el presidente depuesto, o ligados a las empresas sangradas. Mi abuelo fue uno de ellos. Miles de veces, interrogué a mi papá, y le pregunté si él era parte de esa maraña de corrupción, y él me ha respondido las mismas veces que no, que era un hombre honesto y de respeto, tanto así, que nosotros vivimos una infancia indigente. Yo no recuerdo mucho, pero mis hermanos si, y ellos me han contado los terribles días que les tocó vivir, el aislamiento, y la persecución que mi padre debió soportar, fueron momentos muy duros. Pero con optimismo aguantó y se quedó creyendo en su país a pesar de las penurias que vendrían. Mi madre murió pocos años antes de que se terminara la dictadura y le hizo prometer a mi padre, que no nos haría vivir lo que ellos habían vivido, fue por esto que pagando fuertes sumas de dinero prestado, nos envió a los Estados Unidos con unos familiares, y él se quedó allá junto con mi hermana mayor, nosotros llegaríamos a la casa de un tío, que ya se había instalado hace varios años aquí en Pensilvania. Aquí mi hermano Takeno, tomó las riendas de nuestra familia, y nos educó mientras que en Chile mi padre buscaba arreglar su situación. Al término de la Dictadura, mi padre había adquirido ya ideas concretas, de qué, cómo, cuánto y para quién producir. A pesar de haber estudiado Medicina General. Su reclusión voluntaria en los campos chilenos le señaló el camino y la dirección en la que debía dirigirse.

- Interesante, ¿qué fue lo que tu padre hizo?

- Primero, se radicó en Cañete, un poblado ubicado en Arauco, en Biobío, que para ese entonces no tenía mayor importancia económica, ni era frecuentado por los partidarios del Coronel. Ahí, durante el verano, por su trabajo debía movilizarse caminando entre Leiva, Tucapel, y El Carmen, buscando dar servicios médicos a quien lo necesitara, a cambió de un poco de comida y algo de dinero. La fatiga se le hacía más fuerte al llegar el medio día, pues el sol canicular era inclemente, y no había resguardo de él debido a las grandes extensiones de terreno en las que no existía un árbol. Fue justo aquí en donde la idea nació. Mi padre, sabía que en los bosques naturales adyacentes, había especies maderables que podrían llegar a la maduración en treinta o cuarenta, años, tiempo demasiado largo, como para aguantar caminando sin sombra. Así que investigó un poco, y ayudándose de personas conocedoras del campo encontró un árbol, de rápido crecimiento y cuyo duramen podría serle económicamente rentable. Fue así, como con unos pocos ahorros, persuadió, a sus familiares en Japón, de que invirtiesen en repoblación de bosques de Pino insigne en la octava región de Chile, obteniendo un primer desembolso, que le permitió comprar mil hectáreas de tierra, y convertirla en mil hectáreas de bosque. Al término de la dictadura, el bosque tenía la edad de trece años, fue justo cuando una comisión oriental, viajó, y se quedó sorprendida con el resultado obtenido, financiando un proyecto total de 50.000 hectáreas a lo largo de la región, además del contingente económico para la industrializaron de la pulpa mediante varias fábricas de celulosa, las que se ubicaron en Concepción, Arauco y La Laja, de donde se tomaron, los datos comparativos de la primera planta de celulosa que llegó a la zona en 1953. Después de esto, mi padre se convirtió en uno de los personajes populares del lugar, pues trajo consigo, progreso y dinero para todos. Ahora está de visita aquí, y listo para verme casar. Tengo un ejemplo que seguir, y un reto que cumplir José, ahora me entiendes

- Pues sí, que te puedo decir - respondió convencido José Ramón, sin dejar de pensar e imaginarse si tal vez él podría hacer algo semejante algún día.

Pasaron charlando por varias horas, José Ramón le contó las penurias que tuvo que pasar durante el viaje de coyotaje, los temores, los sustos de cada frontera, la llegada a Estados Unido por el paso Texas, el porqué de estar en Harrisburg, y su estado laboral actual. Le contó las razones por las que se encontraba vagando aquella noche, y le contó acerca de sus deseos de superación económica en ese país. El otro muchacho lo escuchaba detenidamente, sonreía con compasión, él no debía convencerlo ni persuadirlo sobre el enfoque equivocado de sus prioridades. Steve había aprendido de una mala manera, que cada uno de nosotros somos dueños de nuestros actos, de nuestros sueños, pero no de nuestras vidas, estas tiene un altísimo precio que pagar a diario. Este importe, de pagarse o de no hacerlo, finalmente será reconocido por el recaudador concluyente, quien determinará si vale la pena o no, mantener aun ese activo - pasivo en su cuenta de balances.

Totalmente recuperado, José Ramón fue conducido por Steve y su padre hacia una de las firmas importadoras más importantes del estado, con presencia física en todo el territorio estadounidense. Allí lo presentarían con Michael Davis, un joven Gerente Regional, que por la adolescencia fue el mejor amigo de Steve.

La entrevista con José Ramón además de ser breve, fue concisa. Por encima de las recomendaciones de sus amigos, la posición franca y decidida del ecuatoriano le causó una muy buena impresión, por lo que decidió probarlo en su institución.

José Ramón a pesar de su ilegalidad migratoria, empezó a trabajar como asistente de bodega desde aquella misma tarde, inmediatamente se le solucionó su problema habitacional, ubicándoselo en una de las tantas casas que posee la compañía alrededor del país, las que se destinan a albergar a sus ejecutivos comerciales, los que se trasladan con frecuencia de un estado a otro. Con esto recibiría colateralmente un espaldarazo, pues compartiría aquel lugar con personas nativas de profundos conocimientos comerciales del negocio. Así además, aprendería el idioma y fundamentos comerciales del primer mundo.

Con la voluntad de vuelta en su mente y por sus propios méritos, muy pronto se catapultaría a una posición estelar jamás imaginada, ni en el más optimista de sus sueños.

La primera noche antes de su ascenso a Jefe de Área, se acercó a una de las claraboyas de su apartamento, el cielo se dejó ver como no acaecía en los últimos meses;

<< Que bonito es verte así>> se dijo interiormente - luego, abrió el ventanal que estaba detrás de su orgulloso sofá minimalista de cinco mil dólares y el que no sabía en donde situarlo aun. Por lo tanto habrá de descansar cerca de la entrada al pasillo de su apartamento. Fue por allí mismo que el muchacho paso presuntuoso mirándolo de todos los ángulos posibles hasta llegar al balcón de vidrio de su residencia, sacó la cabeza por entre los marcos de caoba que vestían a unas preciosas ventanas, aspiró hasta llenar de aire sus pulmones, disfrutó del oxígeno corriendo por sus venas, y totalmente alborozado exclamó al viento:

- ¡Hija mía… estoy veinte mil dólares más cerca de ti!

Apoyó sus brazos en el marco de la ventana, y miró por largo tiempo, la ciudad.

<< Que diferente eres, cuando el que te mira, lleva billetes consigo>> se dijo en voz baja, y permaneció contemplando aquellos detalles que anteriormente había pasado por alto.

Al siguiente día, Michael lo estaba esperando muy cerca de su lugar de trabajo, al verlo llegar, se le acercó abordándole y diciéndole:

- Hoy es el gran día muchacho, ¿Cómo te sientes?

- Feliz Michael, muy, pero muy feliz - contestó frenéticamente

- …Oye José, que raro que es escucharte decir tan pocas frases para contestar una pregunta - alegó el gringuito en son de broma.

José Ramón sonrió durante todo ese día, antes y después de su proclamación como el nuevo y flamante Jefe Departamental del Sector Cuatro, en el que tendría a su cargo las ocho bodegas que integraban esta sección, y a su vez compartiría responsabilidad con el Departamento de Comercio Exterior y Distribución Nacional que era el sitio a donde él anhelaba llegar.

Esto fue como una compensación adicional a los beneficios adquiridos, la misma que sabría explotar al máximo para seguir aprendiendo del negocio. Recordó las palabra de su amigo en New Yérsey "mijo, si te pagan por aprender, aprende hasta lo que no te incumbe, pues todo algún día te servirá" y le sirvió, por ahora tendría que devengar la confianza que habían puesto en él todos los directivos de la empresa, y en especial su amigo Michael, quien fue el primero en celebrar la designación del ecuatoriano, él fue testigo ocular, de su perseverancia, y ganas de trabajar, por lo que se permitió proponerlo como aspirante para ocupar aquel puesto .

Lo que vendría junto al cargo, era exactamente lo que habría estado buscando con empeño y dedicación durante sus treinta y dos años de vida.

En su oficina, una carta dispuesta encima de su lujoso escritorio de caoba brasilera, mostraba en su interior el detalle específico y corto de los nuevos beneficios que desde aquel instante, el joven ecuatoriano empezaría a percibir.

Junto con los papeles de su ansiada Visa de Trabajo, se detallaba la módica compensación salarial de cuarenta mil dólares americanos por mes, regalías por ventas, departamento nuevo, carro nuevo y porcentaje de utilidades anuales. El sueño se había cumplido, la pesadilla estaba por empezar.

La misma noche del ascenso de José Ramón, pero esta vez en Ecuador, como a eso las diez de la noche, Isabelita caminaba por la ciudad tratando de liquidar su mortificante mercancía.

Cuando pasó por la zona rosa, un delicioso olor le llamó la atención, después de cuatro horas de intensa caminata, el hambre le impedía seguir con empeño su trabajo, y su olfato se sindicalizó a favor de su estómago.

Persiguió el invisible olor que se originaba en una multi carreta de comida chatarra. El vendedor que había situado su micro negocio en el parterre de la discoteca "Suite" en la concurrida vía, promocionaba gritando su producto a los transeúntes del lugar:

-Señor, señora, pruebe el rico sánduche de chanco sin triquina, el hot dog pata amarilla, o mis famosísimos tacos a la ecuatoriana – a todo esto le sumaba un bailecito que ciertamente, llamaba la atención.

La pequeña se acercó al expendedor interesada en su forma de vender, pero mucho más por lo deliciosos que se veían esos bocadillos.

-Señor, buenas noches, me podría decir ¿qué es lo más barato que tiene?

-Claro mi niña, el hot dog pata amarilla, solo te cuesta cincuenta centavos, y te quedas llenita hasta mañana al medio día - respondió el muchacho.

137

- Ahh, ya – y empezó a contar su parco acopio, tratando de expandirlo para hacerse de ese platillo.

-¿Te preparo uno? – presionó el vendedor.

-…Mejor más tarde cuando venga de regreso, muchas gracias – respondió la niña mientras administraba sus pensamientos, y los enfocaba en su progenitor, así de a poco pudo calmar el grito de su estómago que clamaba por comida. Pero algo sostenía esta decisión, la responsabilidad de ella con ese granito de arena para el retorno de su padre. Nadie se lo había exigido, ella solita en un momento pasado de sequedad, se prometió ante su reflejo que juntaría con su trabajo lo suficiente para apoyarlo, el deseo persistente por tenerlo a su lado podía más, que el cansancio, el hambre o el dolor proferido por las palizas de su tía.

Media hora después, un grupo de jóvenes de los tantos del lugar, le compraron a la niña las cinco rosas que todavía llevaba consigo y le regalaron el valor de dos rosas más, con esto su objetivo del día estaba cumplido, además había obtenido los recursos para por fin, llamar a su padre sin tener que tomar del dinero de sus tías y ser castigada por ello.

Así que brincando de alegría, la niña se fue caminando hasta la despensa del parque, en donde se había quedado su amigo Marquitos.

-Como te fue Isabelita, te veo alegre – le dijo el pequeñuelo compartiendo su felicidad.

-Bien Marquitos, tenías razón, allí la gente es buena y siempre puedo ir sola, para que tú también te hagas tu cachuelo aquí.

- Ja ja ja, te lo dije ¿Entonces…nos vamos?

-No, ayúdame a realizar una llamada, yo copié el número que mis tías tienen en la mesa del teléfono con el nombre de mi papito, ¡Ayúdame¡

-Pero…

-No te preocupes, unos señores me regalaron una platita, con eso lo llamaremos

-Ok Isabelita, vamos entonces a la cabina de la esquina – terminó diciendo Marcos.

En el local de servicios telefónicos, Marquitos pidió una cabina para llamadas al exterior, y en ella marco el número que la niña le había entregado, triste fue la impresión de la pequeña al no poder contactar con su padre. Marquitos pidió asistencia a una de las señoritas que atendían allí, pues pensó que a lo mejor en su afán por hacer la llamada, había marcado mal el número de José Ramón, la señorita certificó la negativa, el número y la forma de marcar estaban correctos, pero el destinatario no estaba disponible.

La niña acongojada se retiró hasta una de las bancas municipales, se recostó en una de ellas, y empezó a llorar sin hacer ruido, lloró y lloró, los minutos pasaron, y luego de sentirse aliviada, se dijo:

<<Bueno, también es muy tarde, ya, mi padre debe estar descansando, no lo voy a despertar>> - Al ratito, Marquitos salió del local con un recibo de pago mínimo, y junto a la pequeña, caminaron de vuelta a sus hogares.

-Un año menos de vida. Se dijo para sí mismo.

-Ya verás cuerpecito lo que te espera - pensó casi de inmediato mientras revisaba el contestador de teléfono.

<< Tup...tup. >> USTED TIENE DOS MENSAJES DE VOZ - se escuchó en el aparato. -¡Si... Alo, Alo!. << Tup...tup. >> FIN DEL PRIMER MENSAJE - Terminó replicando la contestadora.

<< Tup...tup. >>... ¡Alo! ¡Bueno!, este es un mensaje para Ramoncito, me llamo Karina, y hoy voy para tu casa con las dos amigas que le pediste a Michael. << Tup...tup. >> FIN DEL SEGUNDO MENSAJE. Se terminó de escuchar

-Por fin lo haré, esto es más que cumplir algún sueño, ¡es vivir de verdad!, ¿qué pena? tanto tiempo perdido, me he tenido abandonado por años, pero en fin hoy es un buen día para empezar. Acabo diciendo

A las nueve con cuarenta y cinco minutos de la noche, el timbre del apartamento número seis resonó más delicado que nunca, José Ramón, con parsimonia, sentado en su sofá, sostenía un vaso con brandy en su mano derecha, lo bebió de golpe, y se permitió por más de dos ocasiones disfrutar de aquel sonido en la puerta de su apartamento. El silencio que se originaba después de cada timbrazo, sumía a José Ramón en un deleite morboso, que estimulaba una plenitud mental creativa, deseosa para tales momentos, aquella que le permitiera llegar a la "erección perfecta" como él, ya la había determinado , con lentitud se incorporó, y caminando sin prisa, se dirigió a la puerta de entrada, cuando llegó, se detuvo con recelo, inclinó su cabeza hacia la hendija que se muestra colocada a un costado del panel superior, y descargó sus nervios en una penetrante mirada. Dos preciosas trigueñas y una joven rubia, vestidas sugestivamente se encontraban esperando al otro lado de la puerta, intercambiaban sensualmente un tabaco de esos largos con sabor a menta, José Ramón sonriendo maliciosamente, disfrutaba de aquel cuadro, el juego de caderas presente, hipnotizaba el aire viciado por el humo ya cargado en el pequeño recibidor. Condicionado por sus reflejos, casi de manera inconsciente, soltó el seguro de la chapa, y abrió la puerta en su totalidad, las gernas, retrocedieron un par de pasos, luego se juntaron instintivamente, y como si lo hubiesen practicado durante largas horas, a un solo tono de voz, y a un solo tiempo le sonrieron a José Ramón diciendo;

-¡Cómo estás papi!

Sin opción a reaccionar, el muchacho solo acentó a pensar en su gozo.

Pronto, las féminas, entre gestos y ademanes se colaron al interior del apartamento, pasaron hasta la habitación máster del lugar, dejando por el trayecto una vistosa huella compuesta de ropa ligera e interiores. Las luces de la vivienda, de a poco se fueron apagando, José Ramón, idiotizado por el espectáculo, no cesaba de tropezarse con las prendas disgregadas en su piso. Sin creerlo aún, y ahora más con miedo que con afán, cerró todos los accesos que pudiesen unir el mundo exterior con el suyo, al instante, dubitativo, se tomó un profundo respiro, y agarrándose la entrepierna, se enfilo hacía su habitación.

Dos horas más tarde, enteramente ebrio por el festejo mixto de su ascenso y el particular cumpleaños, José Ramón, nunca logró escuchar el pertinaz canturreo de su teléfono celular, las doce llamadas perdidas que estaban registradas, empezaban por el código internacional 593 (Código del Ecuador), los demás números, son irrelevantes, pues al intentar devolver la llamada, se dará cuenta que es un número restringido para llamadas entrantes, así que la duda le quedaría prendida, en su pecho lleno de remordimientos.

Victoria Sancan, la menor de las hermanas de José Ramón, despertó esta mañana decidiendo claudicar en su proceder en contra y en perjuicio de su sobrina. Se levantó muy temprano a caminar, reunió sus pensamientos, y se enfrascó en una lucha de moral consigo misma, el tiempo caminado, la llevaron junto a la iglesia del Divino Niño, en el barrio de Altamira, la entrada permanecía cerrada al público, por lo que optó en descansar en una de las bancas de cemento ubicadas a cada lado de la puerta de ingreso, mientras los minutos transcurrían, ascéticamente se reprimía arrepentida por el daño irreparable que había causado. Con lágrimas en los ojos empezó a rezar y a pedir clemencia al redentor.

Luego de un suspiro de arrepentimiento, un estruendo cercano la saco de su trance. Ella buscó con su mirada el sitio desde donde provenía el sonido mientras se limpiaba las lágrimas de su rostro. A varios metros de ella, el párroco de la iglesia soltaba los amarres y el candado sobrepuestos en dos de los orificios del portón de aquel edificio. Una vez retirados en su totalidad y al no aparecerse ningún varón por el sitio, el sacerdote se acercó a la afligida mujer y le dijo;

- Hija mía - habló con acento Catalán - ¿serías tan amable de sostenerme la cuerda verde que esta junto a aquella pared? - concluyó.

Pero pasaron tres minutos y Victoria no respondió, solo atinaba a mirarlo.

El padre entonces se alejó buscando alguna otra mano amiga que lo ayudase en su periplo, Victoria reaccionó y tardíamente respondió:

-Claro padre… disculpe, yo le ayudo - y se levantó dirigiéndose hacia el lugar que el sacerdote le indicó.

Una vez que llegó hasta la cuerda, la sostuvo con ambas manos y preguntó;

-¿Que más necesita que haga?- a lo que el oficiante indicó - Nada… Nada… Solo sostenla, sentirás presión, pero no la sueltes, por favor. Y ambos conjuntamente abrieron las enormes puertas del templo.

El Sacerdote, agradeció la ayuda prestada por la mujer, no sin antes comentarle que era la primera ocasión en más de veinte ocho años como párroco de aquella iglesia, que era asistido por una dama, pero que más raro era, no haber encontrado a ningún caballero por esta vía tan transitada.

<< Dios sabrá por qué lo hace>> le dijo, sin saber las concitaciones que esas palabras tenían en la mujer.

Victoria se ofreció a brindarle ayudar en lo que el padre dispusiera, obviamente, si es que este último lo necesitaba, el padre no dudo ni un segundo, y la llevó hasta el despacho parroquial, para ordenar varias canastas con comida y juguetes, que se entregarían durante la celebración eucarística a varios niños pobres que él había encontrado deambulando por las calles de la ciudad.

Victoria se sintió comprometida con la intención del padre, mucho más después de haber maltratado a su sobrina, así, que sabiendo el robo deshonroso que había perpetrado, donó en su totalidad los premios, regalías, décimos y sueldo, que ella había obtenido hace muy pocos días en su trabajo, los que llevaba consigo en efectivo.

Después de ubicar los obsequios en una mesa dispuesta para tal efecto en el centro mismo de la iglesia, Victoria se dirigió a una de las bancas cercanas al altar, y espero a que la misa comenzara.

El padre por su parte, hizo pasar a los niños que de a poco iban llegando a un costado de la casa parroquial, precisamente al patio de retiros espirituales, fueron conducidos por una de las dependientes hasta el salón de obras, donde se cambiaron con prendas de vestir nuevas, confeccionadas por manos caritativas que se ofrecieron para este evento. Uniformados, con sus trajes de gala quedaron listos para el evento.

El padre Sacoto, más que convencer o buscar a los niños más miserables de la ciudad, buscó a aquellos que deseaban recibir el sacramento del bautismo, por lo que a puertas cerradas, y con la venia y autorización del Obispo de la Provincia, los pequeños fueron preparados para recibirla, mucho más, cuando estos niños están en constante riesgo de muerte por accidentes, o por la malicia que en todos lados existe.

Al salir del cuarto, vestidos y peinados, fueron nuevamente conducidos al jardín, y colocados, en fila india con dirección a la puerta que conecta este patio con la escolanía. Al inicio de la misa, los niños ingresaron al edificio cantando glorias junto al sacerdote, quien rebozaba de felicidad y los abrazaba durante el corto trayecto.

En total eran treinta los niños próximos: veinte niños, y diez niñas; los niños llevaban claveles y vestían un terno blanco de leva y corbata, y las niñas rosas con espinas y lucían preciosos vestidos de seda blanco, con bordados de flores en el cuello y a nivel del corazón. Al llegar al altar, todos los pequeños, se sentaron en dos bancas de metal, preparadas a lo ancho de la iglesia, y en la misma posición en la que el padre ofrecía la misa. Al terminar el cántico y con el saludo inicial, todos los presentes tomaron asiento; el padre informó el motivo real de la presentación de estas criaturitas, y su condición de niños de la calle.

Victoria, quien aún permanecía orando y disculpándose ante el Señor, no logró captar el momento en el que los niños ingresaron a la iglesia, por lo que se vio sorprendida al percatarse del acontecimiento.

Al tomar asiento, una preciosa niña llamó su atención, estaba ubicada en el extremo derecho del altar, esta niña irradiaba felicidad, a pesar de ser la más pequeña del nutrido grupo de infantes.

La misa prosiguió, y en el momento cumbre del bautismo, Victoria descubrió algo que le partiría el alma en dos.

-El padrino de la niña se acerca por favor - con voz gruesa y muy alta el sacerdote pidió a uno de los caballeros que aceptó este compromiso en reuniones pasadas.

-Aquí presente - dijo un laico llamado Vicente perteneciente a los grupos de oración de aquella parroquia.

-¿Cómo se llama la niña? - preguntó el clérigo.

-Isabel María Sacan Tumbaco - respondió el padrino.

¡No puede ser! ¡No puede ser!- exclamaba Vitoria mientras se tapaba la boca y parte de la nariz por la fuerte impresión. Enseguida, caminó de prisa por en medio de las personas agolpadas, que tomaban fotografías muy cerca de los niños, cuando llegó frente a la niña, se mordió los labios, se llevó las manos hasta la cabeza, y con fuerza se tomó de los cabellos, el rímel de sus ojos, se corría hacia sus mejillas con el incontenible caudal de lágrimas que le brotaban debido a su impotencia, lloró por varios minutos, y aprovechando la multitud fervorosa que rodeaba ahora a los niños, salió corriendo del lugar buscando la calle.

Al salir tomó el mismo camino que la condujo en la mañana hasta aquel lugar, más aprisa que de costumbre emprendió el retorno a su hogar. Totalmente despistada, mientras el dolor por sus faltas no desaparecía, tomo un taxi y le pidió que la llevara a su dirección. Cuando finalmente llegó, saco sus llaves y abrió con violencia las puertas que se cruzaban por su camino, subió corriendo las escaleras, y de su cuarto tomó aquellas pertenencias que había adquirido por sí misma, las otras, las demás, las que habían sido compradas con el dinero de la niña, las hizo un bulto y las arrojó en la cama de su hermana Rocío.

Desesperadamente bajó por las escaleras, y sin dejar asegurada las puertas se marchó al Terminal Terrestre de la ciudad. Allí, compró un pasaje de ida para la capital de la república en una de las unidades próximas a salir, y esperó.

Se sentó y se tranquilizó. Antes de marcharse definitivamente, se acercó a una central telefónica y marcó un número telefónico. Una contestadora le pidió en inglés, que dejase su mensaje que muy pronto se le devolvería la llamada. Aun con la llamada en línea, Vitoria le pagó a un muchacho para que leyese algo que ella había escrito en un pedazo de papel, así que al escuchar el tono del aparato este joven dijo lo siguiente:

-Señor José Ramón, este es un mensaje urgente para usted, le llama alguien que lo aprecia, y lo quiere de corazón, debo confesarle, que es muy penoso lo que tengo que decirle pero es preciso hacerlo, su hija Isabelita, está sufriendo mucho en Ecuador, está siendo objeto de maltrato por parte de sus hermanas, no las llame, solo viaje de improviso, y se dará cuenta de esta realidad. Y colgó.

Victoria le regaló cinco dólares a este individuo, y se subió al bus que la llevaría lejos de la ciudad.

José Ramón embrutecido por su nuevo status socio – económico, olvidó días atrás comentarle a su familia el cambio de dirección a su nuevo apartamento, así como los nuevos números telefónicos que ahora tenía, por eso jamás recibiría el mensaje que su hermana le quiso entregar.

Unos días después de tropezarse con una foto de la pequeña Isabelita, José Ramón caería en cuenta del error, y llamó a su casa para entregarle los nuevos datos a Rocío, la que había recibido una carta de su hermana explicándole el porqué de su despedida. Rocío no le comentaría obviamente a su hermano nada de lo sucedido recientemente en sus vidas, al contrario le contaría una hermosa mentira de lo bien que su hija la estaba pasando, el muchacho como siempre le agradecería, pero tampoco le comentaría las buenas nuevas en su vida, el joven quería la mayor cantidad de todo ese dinero, para mal gastarlo en sus nuevos vicios.

Isabelita ya conocía el camino, cruzó por el puente a desnivel que da hacia la avenida 104, este es el más pequeño de los dos que tiene la ciudad y es el que conduce al casco comercial de aquella parroquia.

Cuando llegó a la bodega de la Fernanda, el travestido dueño de aquel negocio de flores, le dejó en un pequeño bulto, tres billetes arrugados de un dólar sobre el mostrador, él, a su vez y luego de saludarla, le entregó el paquete de veinte y cinco rosas rojas, y le preguntó:

-¿Niña, hasta cuando piensas ir incrementando el número de rosas por semana? ¡A este ritmo, muy pronto deberás traer una carreta para llevarte tu mercancía! – Y sonrió.

-Hasta que pueda hacer volver a mi padre. Le dijo muy seria

-¿Y cómo cuanto te falta?

-¡Bastante, creo yo! Pero no me importa, así tenga que hacerlo hasta mi muerte, no me daré por vencida, no lo haré, yo debo y quiero verlo a mi lado.

-Que agradable que es escucharte – le dijo haciendo una pausa, luego le acarició la parte alta de su cabeza y continuó hablando – te voy a decir algo, creo que por ti, cada inicio de semana se me ha convertido, en un día especial de lucha y energías recargadas, muy diferente al ambiente de los días subsiguientes.

-¿Por mí? - dijo la niña - ¿Pero qué he hecho?

-¡Vivir peleando! – le respondió- te veo indefensa y vulnerable físicamente, pero fuerte y poderosa espiritualmente, te pido que no trates de entenderme, ya tienes bastante con tus líos para enredarte con los míos, simplemente, sigue como vas y llegarás muy lejos, tanto como tú lo quieras, veras que más pronto que tarde, tus anhelos se harán realidad.

-¿Por qué me dices estas cosas?

-Parece que te las digo, pero realmente es a mí a quien las dirijo, te necesito como ejemplo, como espejo, todos tenemos nuestras broncas personales, pero no todos creemos en poder superarlas, quienes somos diferentes, somos incomprendidos, la mayoría de la gente prefiere juzgarnos antes de conocernos.

Isabelita reconoció otra persona a quien ayudar, por lo que mirándola fijamente le dijo:

-Fernanda ¿Cómo está tu ojo?

-… ¿Y eso a qué viene? - dijo Fernanda.

-Primero dime ¿Cómo está tu ojo?

-¡Bien¡… eso creo – respondió.

-Doña flor me enseñó a poder ver la claridad en la oscuridad de un mal día.

-¿Cómo? - preguntó nuevamente el adulto.

-Usando la lámpara con la que cuenta el ser humano. Tu ojo es esa lámpara – repetía casi de memoria - la batería es tu conciencia, si tu ojo está limpio toda tu persona aprovecha la luz, pero si es borroso, toda tu persona está en confusión, el árbol bueno no puede dar frutos malos, así como el malo no puede dar frutos buenos ¿Entiendes? – terminó diciendo.

-Mira niña, a cualquier otra persona que me hubiese dicho esto, le hubiera replicado, que son solo palabras, frases bonitas para el oído y el papel, re fáciles de decir, pero casi imposibles de alcanzar...pero como te conozco por tanto tiempo voy a confiar en ti niña linda, y trataré de buscar lo que me dices - respondió Fernanda.

-Si la buscas solo, jamás lo encontrarás – complicó nuevamente las cosas Isabelita.

-Se a lo que te refieres, pero por muy duro que te parezca lo que te voy a decir, solo lo digo porque es la verdad, mijita te pregunto yo ¿Has conseguido con tus rezos que tu padre regrese?

-Aún no, pero ya vendrá – respondió firmemente la niña.

-Eso lo puedo decir yo también mi Isabelita, pero si no se cumplen los pedidos, de que diantre me sirve orar.

-Por mi barrio – dijo la niña – una señora perdió todo lo que tenía cuando su casa se quemó en un terrible incendio, con cuatro hijos que mantener, nunca se quejó por lo sucedido, al siguiente día, salió a buscar la forma de cómo obtener un préstamo para su negocio, un préstamo para su casa, y en donde dejar mientras realizaba estas gestiones a su niños más pequeños. Durante cuarenta días y cuarenta noches golpeó las puertas de instituciones de ayuda, de bancos y de empresas privadas. Y al fin, obtuvo lo que quería por su insistencia, no porque lo mereciera – y allí repitió una frase que doña Flor le repetía siempre, y la que ya había aprendido a comprenderla - Así como la gotera desgasta a la piedra más dura, nuestros rezos diarios ablandan nuestro corazón, hasta el punto en el que alcanzamos a pedir en el tono que Dios lo quiere, es allí, cuando él responde.

El delicado barón, no podía creer lo que escuchaba, se quedó atónito ante semejante exposición, y la quedó mirando con extrañes. El sitio se llenó de clientes, y la niña se perdió entre el tumulto, esta sería la última vez que Fernanda recibiría a Isabelita, nunca, durante su cambio de vida, pudo encontrarla y agradecerle. Ella no lo necesitaba pues estaba cerca de recibir su premio.

El tiempo de Isabelita se había cumplido, sufría de diabetes mellitus, hacía más de cinco días debía haber empezado un tratamiento de insulina inyectable, pero al estar desamparada, nunca lo llegó a saber.

Su tía Rocío aquel mismo día, había roto el compromiso que mantenía con el último de los jóvenes vividores que residía en el Barrio Lindo, aun soltero, este último decidió casarse con su novia y con esto le dio la patada a la mujer madura, que había comprendido, que todos los electrodomésticos que ella había comprado, eran para el nuevo hogar de aquel muchacho.

Isabelita llegó de su colegio, y trató como siempre de llevar sus dulces palabras a quien lo necesitara, supo solo al verla, que ella era su buena acción del día, pero se equivocó, la despechada mujer tomo este acto de bondad como una burla a su estado, y la volvió a castigar severamente, pero esta vez con causas mortales, la hebilla de su cinturón le provocó una herida en una de las piernitas de la niña, lo que agravaría irremediablemente su salud.

24 de diciembre del 2004

Entre enfermeras y doctores entrando y saliendo, una silueta masculina en especial vino a irrumpir en aquella habitación. Sigilosamente, caminó varios pasos hasta quedar lo bastante cerca de la pequeña, dejó en una mesa contigua un libro plateado que llevaba consigo, luego sin perder la tranquilidad y respirando profundamente, acarició con sus ásperas manos la cabeza de Isabelita, se inclinó con cuidado sobre su frente y le regaló un tierno beso de despedida, era algo que ambos necesitaban sentir, desde ya, hace mucho tiempo.

La pequeña se despertó inquieta por el conocido saludo, al mirar de dónde provenía el gesto, se pudo observar en su carita una gran alegría, la que se transformó en una amplia sonrisa.

-Hola doc. – Le dijo la niña haciendo esfuerzos para hablar - quería verlo para pedirle un gran favor.

-Claro mi niña, me avisaron, y me he apresurado a venir, en que te puedo ayudar- respondió el médico mostrando en su rostro una compasión impropia de él.

-Doc., ya no quiero estar más aquí, huele feo y esta oscuridad me entristece y me asusta, lléveme a ese piso al que llegué la primera vez que me trajeron. En ese cuarto hay una linda ventanita, una que se parece mucho a la del balcón

155

de una casa que quiero tanto, y en la que he soñado asomarme alguna vez - dijo aún más sonriente que en principio.

Ante aquel sincero pedido, el médico se encargó de hacer las gestiones necesarias para darle a la pequeña un poco de felicidad en su dolor.

El doctor desconectó a la niña de todos los aparatos a las que se mantenía unida, la cargó en sus brazos por todo el hospital, la llevó por los jardines en donde le brindó un paseo alegre y juguetón que terminó con el rompimiento de su dieta en una de las cafeterías situadas en la planta baja del edificio.

Más tarde, y al llegar a la habitación que la pequeña había solicitado, el Doc., la recostó en su nueva cama, y la dejó dormir.

Antes de salir, la niña abrió sus ojos nuevamente y le recordó que no pretendía seguir acostada por mucho tiempo, que necesitaba ir hacia la ventana de sus sueños lo más pronto posible, él le respondió que así sería, pero que por ahora debía recuperar energías, que se diera por segura, que el regresaría por la tarde. Con esta promesa, la niña se durmió.

Santiago no quería presenciar lo inevitable, estuvo pensando seriamente en no llegar a su reunión con la pequeña, pero pudo más su amor por ella, por lo que decidido a todo volvió.

Cuando cruzó por la puerta, la niña estaba despierta, se saludaron, y él se acercó tomándola cargada nuevamente.

-A ver mi terquita ¿Cuál es esa ventanita que te quita el sueño?

-Esa de allí, la que está de blanco.

-Humm, ese cuarto esta en reparación, pero veamos cómo le hacemos- le dijo sonriendo.

El doctor accedió y cumplió con el deseo de la niña, aun desobedeciendo los parámetros de seguridad del hospital.

¿Qué había sucedido con él?, se preguntaban algunos compañeros de trabajo, que habían analizado su accionar desde que una mujer madura vino a entregar a la pequeña enferma al hospital, se decían que cómo el hombre ejemplar de otros años se atrevía a desoír las normas de la institución, mismas que fueron dictadas por el mismo Santiago.

Por otro lado, también eran muchos los que alegremente comentaban que desde que volvió con su mujer, operaba con mayor eficacia y siempre tenía presente en sus conversaciones, a una niña a la que le debía todo. Y es que a partir de que la pequeña llegó a su vida en aquella intervención con su esposa Vanessa, le entregó el ejemplo claro de cómo hacer para romper con la coraza profesional en la que guardaba sus sentimientos, la que tomó forma y fuerza duradera durante sus años de estudios universitarios, en donde el título y la instrucción de sus maestros, lo convencieron de que los doctores o cualquier tipo de profesional exitoso, es un tipo especial de Semi Dios, que no puede, ni debe estar a la altura de sus pacientes o empleados.

Mientras cargaba a la pequeña asomada en la ventana de sus sueños, le rodaron gruesas lágrimas por sus mejillas, se había preguntado cómo era posible tener a un ángel bondadoso como Isabelita desprotegida y enferma en tal estado de muerte, pero nunca invirtió en nada por paliar y conseguirle justicia.

Sus padres desde pequeño le inculcaron no meterse en donde no lo llamaban, pero en contra parte, gracias a la intromisión de la niña en su vida, recuperó el hogar que él se había encargado de romper. Ahora era el turno de Santiago, tenía que hacer algo por la niña, aunque no pudiera salvarle la vida, debía conseguir castigar a los responsables de este acto, así que dejando atrás sus prejuicios familiares le preguntó:

-Mijita… quien te ha maltratado de esta forma, por que llevas tu espalda llena de cicatrices, y de golpes, quien te ha proferido esa herida en la pierna, porque no te han dado el cuidado que tu enfermedad requiere, dímelo por favor debo de buscar a estos infelices y hacerlos pagar, esto no puede ni debe quedar así.

La niña no respondió, estaba concentrada mirando el firmamento, una nube que cubría el astro sol, le permitía disfrutar de aquel bello paisaje. Pero el doctor insistía repetidamente:

- Isabelita, por favor mírame, dime quienes fueron, donde viven.

Al despejarse el cielo, un rayo de luz proyectado por el cristal de una ventana del mismo edificio, fue la herramienta perfecta, por la que las manos de Dios concedieron por gracia, el milagro deseado por la hija del emigrante.

Mientras el doctor seguía indagando, aquel albor cubría el ambiente y se llevaba todo ruido circundante, la niña sentía esa calidez que produce el gozo y no podía ver más que luminiscencia. El blanco puro de aquel reflejo se expandió cubriendo totalmente la habitación, las partículas de polvo revoloteaban por los aires como danzando para ella, imágenes traslúcidas aparecían y desaparecían constantemente riéndose dulcemente y contagiando de esa alegría a Isabelita. A medida que el resplandor iba creciendo, el deleite de la niña lo hacía paralelamente, e iban desapareciendo los dolores y sus angustias.

El doctor que aun sostenía a la niña, reconoció su agonía, la recostó contra su pecho, y liberó una de sus manos para voltear hacia arriba su carita y poder verle los ojos.

Cuando la niña lo miró, ya no hablaba, no se movía, ni siquiera parpadeaba, su rostro apuntaba fijamente hacia la cara del doctor, y este último solo supo contemplarla por una larga y última vez.

Miles de recuerdos pasaban rebobinados por la mente de la niña, buenos y malos, los estaba disfrutando con lentitud, pero no se incluían recuerdos de José Ramón, y ella no entendía el porqué de aquello. Como un flash arrojado por una cámara fotográfica repentinamente otra luz, una incandescente, la trajo de vuelta a la realidad, ella sacudió su cuerpo y llevó sus manos a la cara, luego a los ojos, los que se restregó para volverlos a abrir.

El doctor la seguía cargando y se sorprendió al verla recobrar el sentido, pero esta vez descubrió los designios de lo alto.

Con una fuerza diferente, una energía vital y renovada que se mostró en el cuerpo de la niña, quien alzó los bracitos y los entrelazó por detrás del cuello del médico, lo apretó con frenesí y empezó a sonreír, luego de aquello encorvó su torso hasta poder besar una de las mejillas de Santiago, a continuación y llena de un agradable júbilo, empezó a llorar de alegría, con sus párpados apretujados y su rostro nuevamente en el pecho del doctor, de pronto inhalando suficiente aire empezó a gritar con felicidad:

- ¡PAPITO!, ¡PAPITO! ¡LLEGASTE A MI LADO PAPITO!, Diosito lo cumplió, él me lo dijo, me repitió que debía ser paciente y mantener la fe, pues para él nada es imposible, y así lo hice, PAPITO... COMO TE QUIERO PAPITO, mis amigos te podrán contar como me he portado, sabrás que todo lo que hice fueron obras buenas, he sido una buena niña te lo aseguro, y todo lo hice por verte feliz papito.

El Doctor la agarró con ímpetu, lloró desconsoladamente al sentir como la temperatura de la pequeña empezaba a descender, era inevitable, la vida la estaba abandonando.

El médico se dirigió hasta la cama vacía fuera de aquel cuarto y la recostó con suavidad, Isabelita mostraba con orgullo su mejor patrimonio, aquella bella sonrisa que a muchos había cautivado. Sin dejar de mirar al Doc., a quien estaba confundiendo con su padre, volvió a hablarle y le recomendó:

-Papito, en mi cuarto deje un cartón, es el mismo en el que yo solía poner las rosas que vendía por ti, si no lo encuentras, pregúntale a mi tía Rocío ella sabe dónde está, cuando lo encuentres, despega el fondo, ahí hay un sobre que tenía guardado para ti, léelo, sé que te va a gustar. No estés triste... yo te voy a cuidar desde el cielo... ¡TE EXTRAÑÉ TANTO PAPITO... PERO AHORA ME VOY FELIZ!

Isabelita, continuó mirando en Santiago a su progenitor, los últimos espasmos no lograron cambiar sus gestos de felicidad, lentamente fue cerrando sus ojitos, movió hacia un costado la carita, y diciendo en voz baja <<Te quiero mucho>> murió…

- Me lleva por favor a la enllantadora Guayas, cerca del cauce del río Burro –pidió José Ramón al taxista.

- Como no, son dos dólares – dijo el chofer

- Aquí tiene diez, pero lléveme volando – decía muy animado el muchacho.

- Lleva apuro no – empezó a sacar conversación el cochero.

- Tengo la reunión de mi vida, ya me he retrasado bastante, y no puedo llegar tarde esta vez - dijo seriamente José Ramón.

- Ah, y como cuánto lleva de retraso.

- Demasiado tiempo - asentó diciendo.

- ¿¿¿¿¿¿¿·

De ahí en más, el chofer que se creía burlado por las filosóficas respuestas no preguntó nada más.

-Como que en el hospital, no ha de ser grave, ¡dónde están esas hijue putas!- preguntó totalmente irritado José Ramón.

-Yo no sé... se lo juro por mi mamita que no lo sé – dijo el pequeño asustado por la reacción del padre de Isabelita - a mí me contaron los de la jorga con los que solíamos salir a trabajar con su hija, que la vieron llegar al hospital en una ambulancia - dijo el muchachito ingenuamente, creyendo que aquel hombre, como el padre de ella tenía conocimiento de esa labor.

-Ven conmigo, ¡Súbete!, señor lléveme al hospital ¡pero rápido! - le dijo al taxista y obligó al pequeñuelo a acompañarlo mientras lo ponía al tanto de lo sucedido.

-¡De que guevadas me estás hablando!, ¡de que trabajo hablas!, ¡a quien te estás refiriendo!

-A...Isabelita, su hija, ella salía todas las noches conmigo a vender rosas en la calle.- respondió con temor el pequeño

-No puede ser, yo les enviaba suficiente dinero, ¿estás seguro?

-Sí señor, sus hermanas después de que usted se fue, la mandaban conmigo a vender rosas todas las noches.

El hombre se tomó el rostro lleno de furia más su preocupación por la niña lo calmaba, así que prefirió primero enfocarse en conocer el estado de su hija.

-Su nombre completo es Isabel María Sancan Tumbaco, le ruego que busque bien, me avisaron que aquí estaba. – pedía José Ramón en aquel hospital.

-No señor, le repito, aquí tengo la lista de pacientes y ella no aparece aquí - dijo la enfermera.

-Que vaina carajo, y ahora que...

Alguien se acercó por detrás y...

-Permítame un momento señor, ¿a quién es que busca? - le preguntó un doctor que trabajaba de interno.

-A mi niña, unos amiguitos de ella me dijeron que alguien la habían traído aquí.

-Espere un momento por favor – le comunicó el dependiente.

Varios minutos después llamaron al emigrante y le solicitaron una breve descripción de la pequeña.

-Claro, tiene 7 años, es trigueñita, su pelo es rizado de color negro, grandes ojos...

-... ¿y en una de sus cejas tiene una cicatriz? – preguntó el doctor.

-Ajá... ¿la conoces? – preguntó también el padre.

-Es mejor que espere un momento, ya sabemos de quien se trata.

-Magnífico – respondió un poco aliviado.

Minutos más tarde lo guiaron hasta la oficina del doctor Santiago Suárez.

-Hola - dijo el doctor- ¿Usted quién es?- preguntó

-Señor acabo de llegar del exterior, vine a sorprender a mi hija, y me dicen que ella podría estar aquí.

-¡Si y no mi amigo!, su hija estuvo aquí, pero ya no más. – y dejó de hablar

-Señor no sabe el consuelo que me da saber eso - acotó ahora con tranquilidad.

-No señor Sancan, usted no comprende.

El galeno lo llevó por los hombros hasta una sala contigua en donde trataría de explicar sutilmente lo ocurrido. Poco a poco le narró los hechos desde que la niña ingresó, hasta cuando "salió", aquel hombre se desmoronó, sus lágrimas no calmaron el fuego que se alimentaba del odio contra todos los conspiradores de aquel asesinato amortizado y de manera particular sobre quien consideraba el autor intelectual del crimen, es decir sobre el mismo.

Varias horas después, dos alternativas cargaban su cabeza y enrarecían su cuerpo << podría seguir a su hija a donde fue, o podría llevarla consigo a donde fuera>> Con cualquier de la dos opciones, se terminaría la vida de un hombre golpeado por sus decisiones, un hombre que deambulaba desde hace mucho tiempo, dando tumbos por el mundo y muriendo de formas distintas.

Segundo Acto

"La multimillonaria empresa"

"El éxito corporativo más grande del mundo"

Jaime llegó aquel domingo a Murcia en España, después de acompañarnos a beber unos tragos en la barra del Ruque, nos comentó que llegó solo a terminar su contrato, juntar una plática y con eso regresar a Ecuador para siempre. Personalmente lo tomé como chiste, pues este loco anda siempre con sus bromas, así que no le dije nada y lo dejé pasar. Tres meses después, efectivamente procesó sus documentos y envió el dinero a una cuenta que había abierto en el Ecuador.

Una observación se generalizó entre los otros 20 ocupantes del cuarto en el que nos conocimos. Según se comentaba, oyeron a Jaime hablar del lugar a donde el regresaría, era un sitio lleno de atractivos, muchos decían que incluso lo tildó de "paraíso" y que ese lugar estaba cambiando la vida de los emigrantes que llegaban allí.

Esto pudo haber quedado en un simple rumor, pero algo había cambiado en nuestro amigo, notábamos en él una felicidad que antes no tenía, ahora se mostraba feliz, era desprendido, daba consejos, y gradualmente fue dejando hasta sus vicios más acérrimos.

El día de su partida, lo acompañé al aeropuerto muy intrigado, nunca antes había prestado atención a las razones por las cuales retornaba al país, creo que sentía celos de su nueva persona, por eso y a pesar de ser mi amigo, decidí no preguntar nada de aquel viaje.

Después de acudir al counter, nos sentamos a esperar la primera llamada para su vuelo, conversamos de las cosas duras por las que tuvimos que pasar para llegar a donde estábamos, y de cómo nuestra situación mejoró con el tiempo. Y eso es lo que no entendía, "sufrir" tanto para encontrar un trabajo seguro y luego dejarlo ir por una aventura, esto para mí era inexplicable.

Tomó el equipaje de mano y se dirigió a la sala de pre embarque, lo que significaba que la despedida había llegado. Mi yunta se iba, me parecía mentira verlo partir. Recuerdo que cuando pasó por el filtro de seguridad me miró con lastima, y no porque él se marchaba, sino porque yo me quedaba. Con voz firme y haciendo movimientos con su mano, se dirigió a mí diciendo:

-Pana, he dejado con Guadalupe un sobre para ti, quiero que lo leas, pero no te apresures, todo tiene su momento de ser, cuando lo creas pertinente, pídeselo a ella, considéralo como mi regalo de bienvenida

-¿Humm? ¿De bienvenida... a dónde? – le respondí sin encontrar eco a mi interrogante.

Con una incontenible curiosidad por su última frase lo vi desaparecer entre aquellas mamparas de cristal, con ello también se dilapidó la oportunidad de saber qué cosa era la que lo hacía tan feliz, me arrepentí en ese momento de no haberle preguntado.

Caminé hacia una de las cafeterías del aeropuerto, pagué y luego de empuñar el vaso plástico en el que me despacharon un hirviente Capuchino, caminé tratando de descubrir algún truco o mensaje oculto, entre las palabras que Jaime me repitió en las últimas semanas.

<< La vida Juan Carlos, de una u otra forma se encargará de presentarte a tu verdadero ser, no te afanes, pues sin ningún esfuerzo te llegará el momento, y allí comprenderás las maravillas que yo he podido entender>> ¡Qué diablos me quería decir con esto! – dije casi gritándome, luego acoté – tanta palabrería, tanta sandez, y te vas con un futuro incierto, sin trabajo seguro, sin un sueldo constante del que puedas depender y mantener a los tuyos, no han pasado ni cinco años, ¿Qué pudo haber cambiado allá?, ¿Por qué no se refleja en las noticias?, ¿Por qué aún siguen viniendo compatriotas?, ¿Qué te pasó amigo? sin dinero no se puede hacer nada, no se puede vivir, necesitamos enviar para la comida, para el arriendo, para la luz... para todo, ¿Que está pasando allí?

Con la cabeza a mil, intenté dirigirme hacia el sitio en dónde de seguro podría encontrar a la jorga, pero en el camino, al pasar por la plazoleta, al verla desolada y acogedora, sentí la necesidad de detenerme y descansar un rato.

Un poco atolondrado por la inusual costumbre del análisis, y luego de convencerme de que seguía siendo un emigrante indeseable en ese país, reconocí en mis miedos y temores, la necesidad de seguir aguantando los maltratos laborales de los que era objeto a diario, mi única realidad es la de un hombre responsable con obligaciones que cumplir, uno que no tiene oportunidad o justificación para soñar con castillos en el aire, con futuros promisorios, con el calor humano de mi tierra, sueños que quizás solo son para hombres diferentes, para aquellos que nacieron en otra posición social, con herencias o incluso con trabajo (Por sus parientes dentro de la política), pero a mí no me tocó nada de eso, así que tengo que vérmelas solo y seguir con este trabajo hasta que reúna lo que me he planteado.

Recordé mi primera visita al parque, las fuerzas que tuve al llegar a ese país, recordé que Jaime tampoco era un dichoso en factores económicos, lo conocí tanto tiempo, que tuve que volverme a preguntarme ¿Cuándo o cómo es que se volvió un inconsciente?

En la casa, mientras me cambiaba de ropa, y ya seguro de que el equivocado era él, trataba de adivinar la esencia de tal decisión, mas mi mente cargada de miserias y desasosiegos, no era lo suficientemente imparcial como para lograr obtener un justo resultado.

Por la noche, cuando los otros llegaron, se juntaron en los peldaños de la escalera que daba hacia nuestro cuarto y formaron un semi círculo, allí leían con pasión un libro que Jaime les había dejado de regalo. En la portada se observaba la imagen borrosa de un árabe parado frente a las Pirámides de Egipto, las frases que nuestro amigo consideró importantes, las subrayó con esfero de color rojo, y a las sobresalientes les colocaba OK encerrado en un cuadrado.

Una de aquellas expresiones era el motivo de discusión de aquella alborada, esta textualmente decía:

<<Solo concebimos temor cuando estamos a punto de perder lo mucho o poco que tenemos, pueden ser nuestras propiedades, o nuestra casita, puede ser un órgano de nuestro cuerpo o nuestra propia vida. Pero ciertas personas aprenden como dejar de temer, cuando comprenden que pueden ser coproductores de un guion, que se está escribiendo por la mano que creó el universo>>

Todos comentaron esta frase, yo no quise escuchar sus puntos de vista, me alejé seguro de que me bastaban los míos, así que más egoísta que nunca, interrumpí la lectura y bajé por en medio de su grupo, pensando otra vez en las pistas que mi amigo dejó. Cuando llegué a la puerta y me aprestaba a salir, Roberto dijo en voz alta: "Miren solo esta frase de todo el libro esta resaltada con marcador fosforescente" <<tratarán ahora de analizarla>> pensé, y tapándome los oídos seguí mi camino.

Con el pasar de los días, algunos entenderían parte del cambio que afectó a Jaime, ellos mismos empezarían a mudar de aires y a tratar de persuadirme, pero yo no estaba dispuesto a cambiar nada, no estaba dispuesto a perder nada.

Uno a uno mis amigos terminaron por irse. El último de ellos, mi tocayo Juan Carlos, sin haber conocido el bendito lugar, ya dibujaba frecuentemente esa estúpida sonrisa de hipnotizado, que todos fueron teniendo paulatinamente. A este si tenía que preguntarle que sucedía, pero su respuesta me dejó más preocupado que convencido

-Desearía poder contarte algo más Juan Carlos, pero realmente es poco lo que conozco de aquel sitio, solo puedo repetir lo que los otros me han sabido decir, "que es un sitio en el que se debe vivir la experiencia, para poder entender el porqué de su existencia" – terminó diciendo.

Con estos versos vi partir al último de los idiotas, todos como en manada, con en un cardumen, siguiendo al primero, aunque esto los lleve al anzuelo.

No supe más de ellos por algún tiempo, no porque no haya tenido posibilidades de contacto, sino porque al abandonar sus puestos de trabajo, yo obtuve una buena parte de esas horas hombres que quedaron libres, con lo que incremente un veinticinco por ciento mis ingresos económicos.

Al cabo de siete meses, solo quedábamos en ese lúgubre edificio, quien les habla y el famoso libro. Jornada tras jornada, fui testigo de cómo aquellos campos españoles veían partir a más y más compatriotas, todos contagiados por la misma mentira, esa a la que todos llamaban el barrio lindo.

Guadalupe, una compatriota que vivía al otro extremo de la ciudad, coincidía conmigo muchas veces en el horario de salida del trabajo, de dos a tres días en la semana para ser exactos. A veces compartíamos asientos contiguos en el metro, dialogábamos de nuestras labores y de lo bien que nos estaba yendo.

El once de marzo de aquel año, olvidé en casa mis documentos personales, miembros de migración me confundieron con alguien a quien buscaban por delitos menores, caí preso, y mientras contactaba a alguien que me los alcanzara hasta la delegación, varios terroristas islámicos perpetraron un atentado en el sistema férreo de la ciudad, Guadalupe perdió uno de sus brazos y a su novio que viaja cerca de donde la bomba explotó.

Varios días después, y mientras se recuperaba de sus heridas tuvimos una corta conversación, por lo que me expuso, sabía que sería la última.

-¡Hasta la delincuencia es sana en nuestro país! - Le dije apoyándole mi mano en su hombro, ella solo me miró. Los primeros días solía espantarse hasta con el menor ruido de los automotores que circulaban por las calles circundantes al hospital.

Yo también, en el lugar de ella, después de tan horrible experiencia, hubiera tomado la misma decisión, "irme de allí".

Un día antes de que se fuera, le ayude a ordenar las pocas cosas que quiso llevarse. Algunos trates, sus alhajas, unos cuantos zapatos y dos vestidos, eso fue todo, ella nunca previo marcharse, así que nunca se preparó para aquello.

Cuando vaciamos su coqueta, encontramos el sobre que Jaime Andrés había dejado con ella para mí. No me preguntó siquiera si lo deseaba tener, solo me lo dio presionándolo fuertemente sobre mi mano.

Cinco semanas después, sin saber porque, me senté en el canapé que descansa donde la parte frontal de la cama termina, ahí, el sobre yacía botado a un costado de mi mueble para televisión.

Esa esquina del cuarto es la que menos luz tiene, pero a esa hora de la tarde, el sol apuntaba según yo, a propósito en aquella dirección.

<< No te voy a tomar>> le dije desafiante y cruzando mis brazos, << Solo voy a mirar la televisión>> pero no la prendía. Quince minutos después pensaba diferente y me decía << Y yo por qué debo de darle explicaciones a un sobre pendejo, por ultimo si me da la gana lo abro, ¡y qué! Total aquí quien manda soy yo>>. Finalmente me abalancé al suelo, lo recogí, y suavemente le desprendí la lengüeta superior, para después poder pegarla en su sitio, y así evitar que alguien se diese cuenta que lo había abierto.

Leí la carta al principio con desprecio, casi en la mitad con admiración y al terminarla con dudas. Dudas que se apoderarían de mí, y que no saldrían de mi mente por las siguientes dos largas semanas.

No les puedo mentir, "la curiosidad mató al gato" como se dice en mi tierra, pues, a tanto y tanto, partí hacia Ecuador aprovechando mis vacaciones.

Instalado en el asiento de un bus de una cooperativa manabita, pasando por Colimes, en la vía a Jipijapa, el golpe de un avión de papel me despertó:

-Niño, no seas malcriado – le decía una joven mujer a su hijo, que con certera puntería me había conectado su artefacto en plena nariz.

- No se preocupe señora – le dije en forma presumida y restregándome los ojos.

Mi placentero sueño había terminado, por lo que ahora tendría que viajar mirando el deprimente espectáculo que a través de las ventanas se veía. Vacas, caballos y sembríos de maíz era lo que se observaba. Cuando me di cuenta que lo estaba disfrutando, reaccioné susurrándome con acento español <<que falta de glamur>> pero inevitablemente, mis raíces costeñas me invitarían a apreciar con gusto los preciosos parajes de esta región de mi país.

Mientras me encontraba empalagado con tanta belleza, no pude pasar por desapercibido los comentarios de las personas que viajaban a mí alrededor, eran turistas nacionales, que venían de muchos sitios cercanos a Guayaquil. Se habían embarcado en un viaje por vacaciones estudiantiles trimestrales hacia la ciudad de Manta, con el mismo afán que yo, el de conocer el sitio más próspero y hermoso del país, según volvieron a decir.

El Barrio Lindo. Otra vez volvía a escuchar de aquel sitio, aunque ahora no era en España. Esto era insoportable, cada vez subía en pasión mi desesperación por acudir y descubrir, que era lo que encerraba, este enigmático lugar.

<<Bienvenidos a Manta, primer puerto marítimo del Ecuador>>

Se observaba esta leyenda al entrar en la ciudad, en un cartel ubicado por encima de una esfinge de león.

También la publicidad de varios negocios saludaba al turista que llegaba. Entre los más notables estaban los de la banca, ferreterías y centros comerciales.

Un poco más alejado, quizás a unos treinta metros hacia el norte, un enorme letrero, el más grande que jamás he visto en vida, mostraba la foto de varias familias, todas alegres y sonrientes, posando junto a un pesebre viviente, al parecer en navidad.

Me extrañó ver en pleno julio un cartel alusivo a esa fiesta, primero porque pasó hace meses, y segundo porque para la próxima también faltaban muchos todavía.

Por debajo de aquel cuadro una bienvenida escrita entre comillas cautivó mi atención. Decía con letras en varios colores:

"Amigo emigrante, has llegado por fin a tu fiesta, pues estabas muerto y has vuelto a la vida, estabas perdido y has sido encontrado, únete a nosotros, tu familia... del Barrio Lindo"

Totalmente anonadado, y mientras el carro avanzaba en su camino, traté de seguir con la mirada aquel hermoso mensaje. Cuando no lo pude ver más, retomé mi posición normal solo para encontrar que a lo largo de toda la vía, había carteles parecidos saludando al emigrante.

Conté al menos unos sesenta carteles, me enfoqué tanto en las frases que proferían, que al bajar del carro, casi me olvido de retirar mi bolso de equipaje.

A escasos dos metros de mi descenso, un taxista vestido inusualmente con terno y corbata de colores vivos, me preguntó amablemente:

- ¿A dónde le puedo servir, mi querido amigo?

Con la boca abierta de la impresión, y con una reacción lenta le dije:

- Al Barrio Lindo ¿puede ser?

- Pero faltaba más, suba y póngase cómodo- me dijo en el mismo tono con el que me abordó.

Durante el corto trayecto, el señor hizo las veces de guía turístico, ignorante obviamente de mis raíces mantenses, me contaba cosas y sucesos que yo conocía desde mi niñez, pero me pareció tan agradable el gesto que lo dejé hablar sin interrumpirlo, pues me dije ¿Cuándo podría estar mal, ser recibido con tanto cariño?

- ¡Increíble! – dije sacando la cabeza por la ventana.

Pues la vista que se contemplaba, me dejó absorto y gratamente sorprendido. Sin gesticular, mantuve la mirada impávido, < ¡esto es lo más cercano al cielo que he podido estar!> y sonreí.

Es muy complicado expresar lo que sentí al llegar a aquel lugar, fue algo muy particular. Ese panorama motivaba desconcierto, tanto así que inconscientemente, llegaron a mi memoria toneladas de recuerdos cargados de sueños de inocencia que parecían haberse hecho realidad.

Una estrecha avenida multicolor nos condujo hacia la preciosa entrada de aquel lugar, por algunos instantes me mantuve idiotizado, sin hablar, sin pestañear, sin moverme, solo la profunda carcajada de aquel individuo que me guiaba, logró despertarme de mi estado.

-Ja já ja já ja, que le pasó joven parece hechizado – me dijo en tono burlesco.

-Ah... es que esto mi amigo, no se ve todos los días, sinceramente le digo, es algo que uno lo tiene como reservado para mirarlo en países de primer mundo, o en Disneylandia ¡eso creo!, aunque no he tenido la suerte de estar ahí, pero por lo que dicen, se vería similar.

-Le voy a contar algo para que se tranquilice – me dijo el taxista - cada vez que traigo a alguien aquí, se queda igual que usted. Es divertidísimo ver los diferentes rostros que en cuestión de minutos pueden hacer sin darse cuenta, por eso me reí, discúlpeme si lo molesté.

-No hermano... para nada, tranquilo, pero créame aunque redunde, es difícil de asimilar que poseamos algo así, aquí en mi ciudad.

-Ha, ¿usted es de aquí?- me preguntó

-Si – le respondí.

-Jum, ja ja ja – volvió a reírse de mí, pero ahora solo atiné a compartir aquella alegría, reconocí en esa última carcajada un gusto bondadoso, pues él ahora comprendía mucho más mi asombro, sabía que cuando partí de este mismo lugar, lo hice dejando a un pueblo lleno de miserias y penas, para confrontarme ahora con esta magnífica realidad.

Quise disfrutar al máximo de aquel paisaje, no sabía cuánto tiempo me quedaría, así que lo mejor era tratar de guardar todo lo que pudiese en mi memoria, por lo que pedí que disminuyera el paso del vehículo y así lo hizo.

Poco a poco fuimos ingresando a aquel paradisíaco lugar y metro a metro la fantasía se robaba mi conciencia.

Una puerta de acero forjado cubierta de chispas brillantes doradas y amarillas nos daba la bienvenida, el efecto que se producía entre los rayos de sol cayendo sobre ella y los pequeños rociadores de agua ubicados por encima del tope de la misma, producían un perfecto arco iris lleno de colores alucinantes, su belleza me contagió tanto, que hasta quise bajarme de aquel automotor, y buscar desesperadamente el cántaro de oro que la leyenda dice se ubica al pie de uno de ellos.

Para mi buena suerte, siempre por segundos, alguien evitaba que viviese una terrible vergüenza, así es, pues tenía a Pedro, este era el nombre del taxista, quien parecía pronosticar mis emociones, ya que cada vez que disfrutaba del éxtasis de mi mente, este con una sonora risotada, me devolvía de las nubes a la tierra.

Medio metro más delante de la garita de entrada, dos murallas de piedras azules se alzaban imponentes. La de mi izquierda en semi círculo y la de mí derecha formando una ele en ángulo de noventa grados. Ambas median unos diez metros de alto por un metro y medio de grueso aproximadamente.

Al cruzar, ya sin decirle nada, Pedro se detuvo, y yo volteé a mirarla, las seguí con la mirada por dentro mientras me alcanzó la visión. Desde el portón y a cada cinco metros lineales por dos de alto, en ambos lados, un escudo de guerra repisado por rosas artificiales de color rosado se mostraba imponente. Dentro de él, habían esculpidas dos letras en mármol "I.S", las mismas que estaban encerradas en un corazón y protegidas por una serpiente desafiante. También me pareció reconocer un libro de apuntes y una caja con flores, o algo así, pero al no saber la relación que podría tener con el lugar, proseguí con mi recorrido.

Más adelante, aquel hombre me recomendó dejar de ver tanto hacia arriba, pues estaba dejando pasar lo bonito que había por debajo. Lo miré suspicazmente, y me abalancé sobre la ventana derecha que estaba abierta.

Faltando al primer mandamiento de la Ley de Moisés, exclamé repetidamente con asombro, al menos unas dos mil veces ¡POR DIOSITO SANTO! ¡Qué belleza!

Las calles y avenidas construidas con adoquines verdes, rojos y cremas se mimetizaban con los senderos de césped que se desprendían a nuestros costados y que parecían no tener fin, era una alfombra gigante que de seguro arropaba las ilusiones de sus moradores.

Amplios canales de agua cruzaban aquel sitio, peces y tortugas otorgaban el aspecto picaresco, junto con las ardillas y osos perezosos que colgaban de los enormes árboles que habían sido dispuestos a cada lado de la vía y que conducían a un parque al centro de aquel complejo.

Mientras avanzamos, el sonido de cascabeles y repiques por encima de nosotros competía con todo aquello que me llamaba la atención, se oían más fuertes, como clamando por mí, mientras la ventisca resoplaba y aumentaba en su fervor.

Sacando la mitad del cuerpo por la ventana, busque el origen de aquellos agradables sonidos. Me encontré con simpáticos semáforos adornados con guirnaldas en neón, y con cada cambio, en vez de observar las típicas luminarias, salían perfilitos de sonrisas dibujadas en el trasfondo con tintineos musicales, propios de temporadas festivas.

Ya en el parque, encontramos un parqueadero subterráneo, al que descendimos para dejar nuestro vehículo, y así continuar con el recorrido a pie.

Al estacionarnos, me convencí de que todo en aquel lugar había sido planificado para ser un show en sí, donde sea o a donde fuera, siempre algo terminaba sacándome una sonrisa, esta vez, fue la sorprendente idea de haber colocado aquel parqueo al derredor de los canales de agua.

Frente a mí entonces, encontré un panel de cristal que me permitía a manera de acuario, ver el floreo de aquellas especies marinas que se zambullían de un lado a otro. Miré de izquierda a derecha y tal como sucedía con casi todo allí, mis ojos no alcanzaban a delimitar el fin del muro.

Me recosté de espaldas al carro y mientras me rascaba la cabeza, pensaba alegremente, << Como era posible, que en tan corto tiempo, en un país insignificante, hubiera la capacidad, el dinero y el ingenio, como para construir semejante obra>>. No comprendía, o no quería comprender, que nosotros no tenemos nada de diferente, ni que envidiar a los otros habitantes del planeta, creemos que nuestros propios miedos y limitaciones son el estándar del miedo en los otros, vemos las cosas magnificas que se han creado en otras civilizaciones, y no reparamos en saber todo lo que hubo detrás de ello, irracionalmente nos colocamos barreras mentales que nos motivan a abandonar los sueños cuando estamos a punto de alcanzarlos, pensamos que por hacernos de familia y obligaciones, todo se reduce a comer, vestir, comprar casas o vehículos.

Todo nace con una idea, solo vasta investigar un poco para saber las durísimas batallas que tuvieron que pasar aquellos hombres que decidieron transformar la realidad. El camino largo y tedioso solo se puede vencer con determinación y pasión por obtener lo que deseas.

Con aquella meditación tome una decisión definitiva, no partiría de ahí, hasta no saber los preámbulos de aquella obra y de aquel soñador que logró convertirla en realidad.

Pedro me guío hasta el parque que parecía ser la entrada y distribución de todo el lugar, allí se despidió de mí, no sin antes disculparse por no poder acompañarme otro rato más, tenía compromisos adquiridos y no podía faltar a ellos.

Luego de dispensarme por el abuso de haberlo retrasado, le pagué un extra e hice algo que no había hecho con frecuencia, por lo menos no sin tener un interés de por medio, y aunque sé que fue algo insignificante para muchos, también sé que los obsequios más grandes del mundo, nunca son regalos materiales.

Le agradecí por sus servicios extendiéndole mi mano efusivamente y con sinceridad, aquel apretón me hizo entender que aquel lugar ya influía positivamente en mí, pues no habrían pasado ni sesenta minutos desde que llegué y ya algo diferente sucedía en mi vida. Sin saber lo que me deparaba ese sitio, ya me estaba convirtiendo en un ganador y el primer estímulo obtenido, era un nuevo amigo, algo que parece intrascendente, pero no lo era para mí.

Fue imposible no recodar y comparar el instante de mi llegada a España, en donde mis compatriotas se negaron a brindarme su apoyo y mucho más su amistad, me consideraban competencia, y querían convertirme a toda fuerza en carne de cañón.

Dispuesto entonces a todo, tomé uno de los ascensores dispuestos en el subterráneo, y apreté el botón, con lo que me permití subir al primer piso.

En lo que se podría decir era el centro del lugar, había un conjunto de cipreses adornados con grandes bastones que simulaban ser de caramelo, y luces que bailaban al ritmo de la música de fondo, la que se escuchaba y procedía de un inmenso megáfono ubicado en lo alto del campanario de una iglesia apostada al final, de aquella arreglada floresta.

Al costado de este "Oasis" un camino se bifurcaba en cinco senderos, como cada uno de estos tenía sus respectivos letreros, me prendí de aquel que decía "oficina central" y hacia allá me dirigí.

El Barrio Lindo estaba dividió en dos sectores, prevalecían las casas restauradas de construcción mixta, las que parecían ser parte de un antiguo barrio.

Por detrás y hacia mi lado derecho, se encontraban altos y modernos edificios de oficinas que eran la parte ejecutiva de los negocios que allí se desarrollaban. Hacia el costado izquierdo cientos de casas conformaban un precioso conjunto habitacional en donde residía la mayor parte de la fuerza laboral de aquel sitio. Al fondo y pared contra pared estaba el parque industrial más grande del país. (Después me enteraría que llegó a ser el número uno por la iniciativa ecológica que sus mentores instrumentaron allí).

Junto a la iglesia del lugar, se levantaba sobre un montículo de lastre y piedra, un galpón vetusto, construido de caña y cadi y pintado enteramente de blanco rosa. Este tipo de moradas dejó de usarse urbanamente a mediados del siglo XX, aunque fueron muy usadas, ya solo se usaban en los campos aledaños a las ciudades pequeñas o en sitios marginales de la provincia.

Esta edificación contrastaba con toda la fantasía de ese lugar, y aunque era hermosa, también era imposible no reconocer lo discordante que resultaba verla ahí.

Ya de cerca, pude observar que estaba construida en forma de barraca, junto al cauce de lo que debió de haber sido algún día, un río de invierno, si no me equivoco. Dentro de ella, la música navideña era mucho más bulliciosa que en todo aquel lugar, por lo que nuevamente, movido por mi interés me acerqué a lo que aparentemente parecía ser un timbre.

Ya nada me sorprendía, así que cuando noté que tenía la forma de una nariz de payaso, solo sonreí, eso sí, menos que al escuchar el ROPOPOMPOM en lugar del RINGGG al que estoy acostumbrado.

Después del segundo timbrazo, un hombre de aproximadamente unos 38 años de edad salió. Casi al terminar el gracioso sonido y sin decir nada se acercó a abrazarme con fuerza, luego me dijo:

-Hola amigo cómo estás, que has hecho, te ves muy bien ah, y la familia, llevábamos tiempo esperándote, pero bueno llegaste al fin, eso es lo que importa... ¡por... cierto!, discúlpame por no presentarme, me llamo José Ramón Sancan, el primer obrero del Barrio Lindo.

...??

-Gracias – dije titubeando: - me llamo Juan Carlos –sin salir de la extrañes.

-Entonces... Juan Carlos ¿te vienes a quedar? ¡Cierto¡ – me preguntó

-Este ¿Cómo que a quedar...? Lo que pasa es me toma de sorpresa – dije con vergüenza.

-¡Sí!, pues si te vienes a quedar, es menester el mostrarte dónde y cómo nos puedes ayudar, además de a dónde te puedes alojar – replicó al parecer sin escuchar lo que le había dicho.

-La verdad ingeniero, no sé qué decirle - respondí.

-¡No, no, no!, jamás me llames por o con ningún tipo de título, solo dime a secas José.

-Está bien... ¿José?

A continuación, me invitó a pasar a una de las oficinas que al parecer improvisaron a la fuerza en aquella antigua edificación. Con mucha paciencia me informó resumidamente las actividades que se desarrollaban en aquel lugar y cuál sería mi papel, a partir de mi experiencia desde esa misma tarde.

Preferí no preguntar mucho, pues noté que mientras más profunda la pregunta, mucho mayor era el alcance que tenían las respuestas.

Aquel sui géneris anfitrión se transformó desde aquel instante en mi maestro, en mi mentor. Sus enseñanzas y forma de educar calaban sin resistencia en mi mente obstruidas por conocimientos inútiles y adquiridos durante mi formación superior.

Aún pienso que si los colegios y universidades fueran tan concisos y prácticos como aquellas clases impartidas en el Barrio Lindo, las posibilidades laborales de sus egresados sufrirían un giro de 180 grados en lo que a resultados positivos se refiere.

José Ramón, al igual que muchos latinoamericanos sufrió en su vida el abuso desmedido y continuado del coyoterismo, ni sus estudios, ni su desarrollo profesional, le permitieron librarse en el corto plazo de esta moderna clase de esclavitud, este recuerdo tormentoso aprisionado en su corazón, fue como la luz que abrió sus horizontes, utilizó todas esas experiencias negativas y las revirtió convirtiéndolas en la fórmula perfecta para alcanzar sus metas, solo tuvo que añadirle la motivación exacta, y listo, empezó ante el asombro de la comunidad a superar uno a uno los escollos que se le presentaban, aunque durante el camino sufriera incontables fracasos temporales.

Todo lo el que me narró durante los meses siguientes, cambió la perspectiva con la que yo miraba lo que aparecía a mis ojos como irrealidad, por eso preferí sonreír ante aquellos simples descubrimientos, en lugar de exigirme respuestas por no haberlos encontrado mucho tiempo atrás.

La idea central con la que José Ramón inició el "Barrio Lindo", me pareció un tanto ridícula, y lo reconozco, pero cuando me eduqué en el intenso trabajo de analizar situaciones y contextos como una persona libre (Antes andaba como borreguito siguiendo los consejos pensados de antemano por la mayoría de mis profesores de universidad), entendí que no existían imposibles, era así de simple.

José Ramón me invitó a dejar de seguir a gente mediocre, pues la misma fuerza emocional que se tiene para seguir a un don nadie, se la puede utilizar para cambiar nuestros modelos de vida siguiendo a aquella gente que ha transformado el mundo en un mejor lugar para vivir, desde entonces, mis ejemplos a seguir solo fueron gente muy grande, a quienes consideré mis maestros. Cada uno puede investigar y elaborar su propia lista, la mía fue la siguiente:

1.   Jesús de Nazaret a la cabeza, pues tan profundo fue su paso por el mundo, que transformó a la humanidad con su ejemplo, de tal manera que su nacimiento se tomó como el principio de nuestra era. (Antes y después de Cristo)

2.   Luís Noboa Naranjo, el primer gran multimillonario ecuatoriano, tuvo inicios tan pobres, que alguna vez llegó a reconocer que en su infancia prefería irse a la cama temprano, para así olvidarse que tenía hambre, se aferró al éxito a pesar de su humilde cuna y de sus múltiples frustraciones, de tal manera, que logró conseguir una fortuna superior a los mil millones de dólares.

3. Carlos Slim Helú mexicano hijo de un EMIGRANTE libanes, con voluntad y carácter de ganador, demostró que no se necesita nacer en el primer mundo para hacer cosas importantes, él uno de los hombre más rico del mundo con sesenta mil millones de dólares.

Así mismo y con diferentes aptitudes pero con la misma actitud de persistencia y determinación seguí también la vida de;

4. Anacleto Angelini: chileno con seis mil millones de dólares

5. Gustavo Cisneros: venezolano, seis mil millones de dólares

6. Joseph Zafra: brasilero, seis mil millones de dólares

7. Julio Santo Domingo: colombiano, cinco mil setecientos millones de dólares

8. Gregorio Pérez: argentino, mil setecientos millones de dólares, entre otros muchos sudamericanos.

Por supuesto, José Ramón tenía un capítulo aparte en mi formación, no podía considerarlo entre mis maestros porque se había convertido prácticamente en un padre. Su planificación, sus complementos y la ejecución de su obra fueron tan magnánimos y perfectos, que estoy seguro, que otras personas ya, deben de considéralo entre sus motivadores o ejemplos a seguir.

Según José Ramón, aquellos tiempos en los que vivió como emigrante, fueron irónicamente los tiempos en los que más cerca se sintió de su amada patria. Me dijo que mantuvo viva esa pasión a partir de múltiples efectos resultantes de cantar pasillos, beber aguardiente o comer platos típicos.

También mantenía fresco su recuerdo leyendo los periódicos nacionales, todos los que le pudieran llegar, a pesar de que lo hacían dos o tres días después de su emisión.

Yo puedo dar fe hasta aquí, de que por lo menos en mi vida como emigrante, trataba de hacer consciente o inconscientemente lo mismo que él me decía.

Recordé un caso en particular, en el que tuve que deambular por aproximadamente diez horas en busca de un pequeño comedor en el que se servía encebollado de Albacora, mi comida preferida. Cuando lo hallé, me senté en una mesa plástica, y con excesiva prosa tomaba cucharada tras cucharada, las que al llegar a mi boca me trasportaban cómodamente, de ciudad en ciudad, de sitio en sitio, así le daba paz a mi alma, recorriendo con la mente, todos y cada uno de aquellos lugares en donde comí este suculento platillo sudamericano.

Una tarde cuando pasaba frente a su oficina, me llamó, me invitó a pasar y me dijo que si me sentía preparado para escuchar una historia, a lo que respondí que sí. Se fue a la cocina, trajo dos tazas con café caliente y empezó a decirme lo siguiente:

-Juan Carlos, con exactamente tres dólares y cincuenta centavos inicié esta organización, ¿Cómo es posible te preguntarás?, pues aplicando lo que te he venido diciendo a diario, ¿Recuerdas?- esperó a que yo le respondiera.

- Que... eso de que para escalar un monte de cinco mil metros debes empezar escalando el primero.

-Exacto, pues yo superé mi primer metro, después de haber tenido cientos de días de sufrimiento, hasta que un día decidí dejar de lastimarme, y optar por otro camino que de una u otra forma me ayudase a levantar mis deseos y objetivos.

-¿Y qué hiciste? – le pregunté.

- Bueno, primero simplifiqué mis opciones a solo dos alternativas: una era hundirme en los vicios que había adquirido y la otra olvidar las cosas buenas y las cosas malas que me había sucedió, cerrar los ojos y establecerme una meta para ser feliz.

-Se escucha bonito, pero se requiere de muchas cosas para cumplir con lo segundo ¿No? –vacilé.

-Ja, ja, ja, eso parece, pero no es así, la mayoría de las personas están convencidas de que necesitan múltiples herramientas, momentos o circunstancia para hacerlo, pero no es verdad, solo necesitas enfocarte en lo que quieres y trabajar por aquello, con lo mucho, poco o nada que tengas en aquel momento, si lo que tienes es un trozo de papel y un lápiz, pues empieza con ello, debes apasionarte por conseguir lo que quieres, y repentinamente las ideas de cómo conseguirlo te llegarán en forma de presentimiento. Tú me comentaste que tienes una lista de tus nuevos maestros ¿Verdad?

-Sí, correcto, ya la tengo – respondí.

-Pues bien, quiero que averigües como ellos "empezaron la búsqueda de sus sueños" te darás cuenta de que sus inicios y sus caídas, tienen algo en común.

-¿Qué es?

-Determinación, nada más que determinación– me dijo.

-¿?????

No pongas esa cara, se lo que estás pensado ¡DEBE SER MUY DIFÍCIL HACERLO¡ y de hecho lo es. Ahora para ti es fácil saber lo que escogí, pero en aquel momento para mí, el distinguir lo correcto de lo incorrecto, fue un proceso complicado y lleno de una espinosa tensión. En un íntimo acto de constricción, reconocí que todo mi fracaso se sostenía en mis pensamientos de pretensión y status, afines a la sociedad en la que crecí, y que de seguir conservándolos seguiría fracasando, hiciera lo que hiciera. Aunque te parezca difícil de asimilar, solo esa ridícula forma de pensar me mantenía alejado del éxito, por tanto, debía sustituir con premura aquella miseria mental, que estaba llena de apariencias egoístas y de codicia y cambiarla por el deseo profundo de riquezas a partir del servicio a los demás, ¡no es más!, es así de simple, te repito "investiga" solo por curiosidad, como en la vida de los hombres más ricos del mundo, este ha sido un principio al que todos le han dado una prioridad inobjetable. Muchos creen que esto no es posible, muchos creen que solo el trabajo arduo da prosperidad, pero esto es otra mentira creada por aquellos que te necesitan en la marginalidad, todos los que viven de esta forma están equivocados, por eso forman parte del 99% de la clase media o pobre del mundo y no del 1% de millonarios, que primero administran sus pensamientos y luego actúan.

<< ¡Tranquilo!>> ya quita esa cara, no es tan malo como parece, por lo menos mientras no se vuelva crónico.

- ¿Cómo que crónico? - pregunté

- ¡Claro¡ mientras esporádicamente tu corazón vea lo correcto, aunque tus ojos se guíen por lo que otros dicen, ¡aun tienes salvación!

- No te entiendo, ¿Y qué se supone que es lo que debo ver?

- Escucha, después de un largo y necesario período de ascetismo en soledad, una regeneración fundamental se dio en mí ser, aunque era el mismo hombre por fuera, no lo era por dentro, reduje la función de mis pensamientos en ordinarios y necesarios, los primeros formaron parte de mi biblioteca histórica mental, a partir de estos podría identificar los desórdenes que se podrían producir en rasgos de pensamientos definidos, funcionaban tal cual una base de datos de un programa antivirus en un computador, con ellos me defendería de todo aquello que mentalmente me pudiese atacar. Con los pensamientos necesarios, formé una piedra angular sobre la que trabajé arduamente. Cuando logré liberarme de las preocupaciones, culpas, envidias y vergüenza, me lancé a la calle con un solo objetivo en mi mente... crear "El Barrio Lindo" un lugar en donde se conjugara la libertad total de personas que vivían esclavizadas y el trabajo mancomunado de estas mismas, en lo que posteriormente llamé la comunidad individual.

- Pero José, ¿Esclavos en nuestra era?

- Así es Juan Carlos, no como los de nuestros antepasados, sino otra clase de esclavitud. Soy uno de los pocos ciudadanos que con fe, se atrevió a pelear contra un sistema corrupto con el único afán de liberar a mis congéneres de las diferentes clases y etapas de esclavitudes que permiten nuestras leyes.

- Bueno, viéndolo desde ese punto de vista, en algo tienes razón – le dije algo dubitativo.

- Es que aún no comprendes el movimiento único que tiene el ciclo vicioso de la explotación laboral-mental, pero bueno… no ahondemos más en esto, pues a la final no es lo que importa, lo que sí lo es, es el cambio de pensamientos a través de un nuevo carácter en la vida, pues si deseas cambiar un esquema que trabaja mal, tu enfoque, fuerzas y deseos deben trabajar sobre los puntos sobresalientes, o lo que es lo mismo, aquellos puntos efectivos por rescatar, así verás como todo lo deficiente es absorbido por eso que es eficiente y positivo. Particularmente en el caso de mi sueño, lo que hice fue ocuparme y persuadir al conjunto humano de que estaba dispuesto a trabajar por la organización, así que una vez agrupados, la unión nos dio finalmente la fuerza que nos permitió crecer amparados por ese mismo escudo legal que antes alentaba a violar nuestros derechos de libertad. El resto fue mucho más sencillo, pues utilizaba de la forma más honesta posible y en nombre de todos los "socios", el único lenguaje que entiende el sistema social en el que vivimos, "el dinero".

- Yo sé que esta pregunta te puede sonar cansona José Ramón pero necesito que me la respondas nuevamente ¿Tú tienes algo en contra los ricos? ¿Es malo el dinero? – pregunté por enésima vez.

- ¡No¡ ni tengo nada contra los ricos, ni el dinero es malo, atiende a esto que te voy a decir

<< Así como en el pasado la riqueza era sinónimo de bendiciones y amor de Dios, estoy seguro que también lo es ahora, existen muchas personas bendecidas con abundancia

en oro y poder político, pero son sabios y justos por sobre todas las cosas, esto es lo que hace fundamentalmente la diferencia, el dinero es una bendición, es bueno mientras lo mantengas como tu sirviente, cuando con él no puedes herir o maltratar a otras personas ¿entiendes?>>

- Si – respondí un poco avergonzado.

- Generalmente los ricos son gente buena, son desprendidos y objetivos, lo que no sucede con los aspirantes a ricos, es decir quienes pretenden vivir como ricos estando a mucha distancia de serlo y de estos lamentablemente, es de lo que más da la viña del Señor, estos por su agitada vida y ansias de status, discriminan y abusan de sus colaboradores (Trabajadores), no se percatan de que sin el aporte de todo ese conjunto humano, no serían nadie, los aspirantes a ricos están convencidos de que son ellos los que están haciéndole un favor a "su personal" por esto, los consideran como herramientas descartables ante el desgaste (Vejez). Cuando entiendes que esto no es así, la confianza y lealtad de tus colaboradores te permiten espacio –tiempo, para darte cuenta de otras cosas, las que antes no podías ver, así fue como mis nuevos pensamientos abrieron un abanico de posibilidades delante de mis ojos y me permitieron distinguir con claridad las necesidades de un nuevo mercado, el que ahora está influenciado por costumbres de emigrantes de varias nacionalidades en tierras ajenas y a también poder hacer de esto una satisfacción bipartita. Con los pensamientos dirigidos en esa trayectoria redacté una lista de cosas posibles en las que podía y quería intervenir, me concentré en cada una de ellas, y estas me ayudaron a perfeccionar "la idea final".

- Cómo ¿así no más? - le dije en tono de pregunta.

- Sí, pero debo advertirte algo: al convertirte en un ser pensante, esa idea final siempre será el resultado de múltiples percepciones y sensaciones, debes de estar captando y anotando todo lo que a tu mente llegue.

- ¿Y de allí, el dinero se hace solo?

- Otra vez, no, aquí empieza la parte que todos conocemos, el trabajo duro y esforzado, ese es el siguiente paso que deberás cumplir hasta que tu ideal se haga realidad.

- Pero eso debe de necesitar mucha imaginación, y yo no la tengo.

- Juan Carlos, si tu deseo es ser carpintero o cinturón negro en Hapkido, primero debes aprender el arte de trabajar la madera, o el arte marcial, así mismo para que tus sueños se hagan realidad, tienes que aprender inevitablemente el arte de pensar. Todo lo que ya te he dicho anteriormente te facilita ese aprendizaje. Por eso el pensador de ideas es un ser misterioso, poco comprendido y tristemente escaso en el mundo de los negocios, esta es la razón por la que aquí, nunca despreciamos al soñador – realizador. Así como en las grandes compañías del mundo, esto fue y será lo más significativo de nuestro crecimiento. Por tal razón, me permití sugerir como una de las dos políticas inamovibles de nuestra organización, el otorgar licencias de tiempo ilimitadas para todo aquel sujeto que desee desarrollar una idea (La otra política es la de siempre ser agradable) y así dejar que la imaginación responsable (Busca el bienestar de todos los participantes) del pensador se haga cargo de los asuntos por emprender.

"Pensar es el trabajo más difícil y arduo que existe, por esta razón es que existimos muy pocas personas que nos dedicamos a ello" Henry Ford.

Varios días después, luego de haberle escuchado de corrido miles y miles de boberías (según yo), empecé a intranquilizarme, pues parecía que perdía el tiempo, y no tenía lo suficiente para malgastarlo. Quería escuchar magia, necesitaba aprender directamente de José Ramón, cuál fue esa fórmula de éxito, cual fue el artilugio estratégico que ejecutó, para iniciar y culminar con una sonora victoria semejante empresa.

No pude aguantar más, así que una tarde, cuando vi que pasaba solo y en dirección a su oficina, lo abordé de forma osada e irrespetuosa:

-¿Bueno José, cuando es que me vas a contar la jugada maestra? ¡Quiero saber ya, eso extraordinario que hiciste y que te dio el triunfo que esperabas!

Humilde como siempre, pero moviendo su cabeza de izquierda a derecha, me dijo:

-¡AY MUCHACHO...SE VE QUE AUN NO COMPRENDES!

- Esteeee... - no supe que decir.

Luego dándome un par de palmaditas en la espalda y casi sonriendo me reprimió:

-¡Pero hermano, si ya te lo he dicho más de mil veces! ¡Por qué no me has pedido que te lo vuelva a explicar¡ yo no tengo ningún problema en hacerlo.

Oh, oh, me vi en serios problemas, pues me comporté como un soberano pendejo ante él, y en nada ayudaba esto a los fines que me había trazado. Pero con astucia y acostumbrado a nunca quedarme callado, esta vez le contesté como abanicando el capote por encima de un toro:

-Nooooo, ¿Quién yo?... esta mal...fresco, tranquilo... lo que pasa es que estaba bromeando para ver si es que me estabas escuchando – dentro de mi pude sentir como de aquella respuesta se irradiaba un torrente de envidia e ingratitud, pues ciertamente no había entendido nada, y no quería que el pensara que yo era un bobo más de los tantos sorprendedores que habían llegado a Barrio Lindo, esos que deslumbrados por su ego, partieron negándose la hermosa oportunidad de crecer en familia.

Pero nada es en vano, eso también lo repetía bastante José, así que a la par de aquella interlocución, armé una táctica de recopilación de información, con el afán de sonsacarle en varias reuniones, todos los detalles que necesitaba conocer, de la operación Barrio Lindo.

Y así pasó, después de un par de meses, la historia me fue contada nuevamente, pero esta vez, todo fue diferente, centré mis esfuerzos y toda mi conciencia en captar lo narrado y escuchado.

En una serie de apartados fui recopilando todo. Un cuaderno de apuntes fue mi cómplice al inicio, pero después de un tiempo se convirtió en mi guía instructora.

Cuando empecé a usar las recomendaciones de José Ramón, el miedo me invadió. No sabía si tendría éxito en alcanzar mis proyectos empresariales. Mas eso es exactamente lo que permite el desarrollo de una persona en todos los ámbitos "El desconocimiento del futuro". Por eso cerré mis ojos a la costumbre, y seguí mis ideales a cualquier costo, así muy pronto observé, como efectivamente esta nueva clase de pensar influía en mi vida personal de forma plena y eficaz, todo fue una escala progresiva, constante y positiva.

Conocedor de las múltiples realidades de mis conciudadanos, decidí compartir todo lo que escuché de José Ramón, con quien lo necesitara. Para esto y en compañía de mí siempre colaborador y bien ponderado Padre Patricio (párroco de la única iglesia del Barrio Lindo), iniciamos el un arduo trabajo de edición de mi cuaderno, hasta que convertirlo en un libro instructivo, de cómo poder utilizar escasos recursos en la generación de nuevas plazas de empleo. De este libro se elaboraron diez mil copias en su primera publicación, que se distribuyeron a través del gobierno provincial, en las bibliotecas, centros de enseñanzas y tiendas de revistas.

Patricio y yo, consideramos correcto que esta obra llevara un título que contara la verdad de los acontecimientos sucedidos en la creación del Barrio Lindo y de su gestor, por eso le colocamos por título "El diario maestro del emigrante"

<<Cuando la gente se enfoca en emigrar>> – me dijo muy seriamente – <<se llenan de una fuerza motivadora que los impulsa a buscar todas las formas posibles de poder lograrlo>>. Son capaces de hacer hasta lo imposible – me miraba ahora si contrariado << incluso hasta endeudarse esta y otras dos vidas más>>.

Aunque parezca jocoso, esta fue la piedra fundamental del éxito de Barrio Lindo. José Ramón en su intento por emigrar, indagó, buscó y encontró gracias a un amigo suyo, los sitios en donde los coyoteros o traficantes de personas generaban sus operaciones ilegales. ¿Qué fue lo que hizo?

Con un poco de astucia y sin invertir un solo centavo, se valió de sus escasas relaciones sociales, producto de su propia experiencia migratoria, y llego así a encontrar amigos y familiares de los posibles "nuevos clientes" que estarían por intentar salir del país.

Sin entrar en confrontaciones de ningún tipo con los traficantes y sus asociados, José Ramón convenció a unos pocos conocidos, de que corrieran la voz de una oportunidad de negocio única (Esa era la estrategia, porque de única no tenía nada) que se estaba desarrollando en el puerto de Manta. Ofreció menor riesgo de perder el capital que aportarían (Pues si te cogen emigrando ilegal, pierdes lo aportado), trabajo seguro e ingresos muy onerosos, además de un status comercial, como socio de una compañía con un capital social más que importante.

Al principio el progreso fue lento, su perseverancia lo llevó a acudir a bares y salones en donde le informaron, que miles de campesinos buscaban su salida del país.

Esta posición determinante le permitió al cabo de dos meses captar a sus primeros diez socios.

Después, las recomendaciones y la propaganda de boca en boca atrajeron a más y más colaboradores, la idea recorrió los pueblos y contagió a sus habitantes.

En seis meses llegaron unos mil interesados, entre migrantes que se encontraban de visita por el país o familiares que querían emigrar. De todo este grupo solo cien fueron aceptados por José. Algunos comentaban que este muchacho quería ayudar al pueblo, pero ya había empezado a discriminar. Nada más lejos de la realidad que esos comentario, simplemente la mayoría de aspirantes no llenaban los perfiles que la empresa necesitaba. ¿Qué cual era ese perfil? TERNER LA PREDISPOSICIÓN DE TRABAJAR A FAVOR DEL PROYECTO, cosa que los DESCARTADOS no querían, pues solo ambicionaban entregar su dinero y sentarse cómodamente a verlo crecer.

José Ramón tenía definida una idea y también una empresa constituida para este fin. En ambas cosas los socios estuvieron de acuerdo, y aportaron con sus propias experiencias para generar la oferta que insertaron en el mercado exterior, siempre a través de amigos o conocidos que los accionistas dejaron tras su paso por diversos lugares.

Los mercados escogidos para iniciar esta actividad, fueron obviamente los países donde habían vivido: España, Estados Unidos, Italia, Canadá, Venezuela y Chile. En donde tres millones de ecuatorianos, eran la principal fuente de demanda a satisfacer. Después del éxito que la compañía obtuvo, se lanzaron por los otros grupos de latino americanos disgregados por el mundo.

¿Pero que vendieron? Preguntarán algunos, pues vendieron todo aquello relacionado a sus orígenes y costumbres.

Cada socio además de aportar con su experiencia y contingente productivo, hizo de cuentas, que esta era una forma de emigrar, y contribuyó con el mismo valor que los coyoteros le exigían como primer pago para migrar (Pues cuando están trabajando, se les exigía hasta un 75% de lo que cobraban).

Entonces cada socio entregó la cantidad diez mil dólares en efectivo o en bien hipotecable. Con cien socios, se obtuvo un millón de dólares americanos, con esto se daba inicio a las acciones previstas por el mentalizador.

Tres meses después con las órdenes de compra en firme, y con el proyecto debidamente presupuestado, se comenzó la ejecución de todos los puntos planteados. No fue necesario construir grandes instalaciones, pues se aprovecharon algunas de las tantas plantas que por efecto de la misma crisis que los obligó a emigrar, habían quebrado.

Las negociaron con las instituciones financieras a cargo, utilizaron la misma hipoteca que tenían, y con solo el 20% de pago como entrada, las adquirieron, el saldo lo financiaron a 15 años plazo con un interés preferencial.

Además negociaron el traslado del movimiento financiero a estas instituciones de todos los negocios que tenían, por ventajas adicionales, con los mecanismos de cobro, compra y recompra de documentos de pagos internacionales.

Finalmente la lista de los productos que exportaron fueron:

1. Humitas de arroz

2. Cuy congelado

3. Mote al granel

4. Pesca Fresca

5. Pesca congelada

6. Quinua confitada

7. Muebles, madera y artesanías, y

8.   Masa de pan de yuca congelada.

Cada socio conocedor de uno u otro producto, se encargó de buscar proveedores de materias primas o productos terminados.

En este punto es menester hacer un paréntesis para que se pueda comprender de mejor forma todo el proceso empresarial que José Ramón instituyó y que se resume en tres simples pasos que se encuentran redactados en el libro "DIARIO MAESTRO DEL EMIGRANTE", texto que es importante estudiarlo, analizarlo hasta comprender en su totalidad la propuesta del Barrio Lindo.

DIARIO MAESTRO DEL EMIGRANTE.

Paso 1

Los socios, las contrataciones y las decisiones. La unión hace la fuerza. (Todo lo que se expone a continuación es una sugerencia de la práctica real)

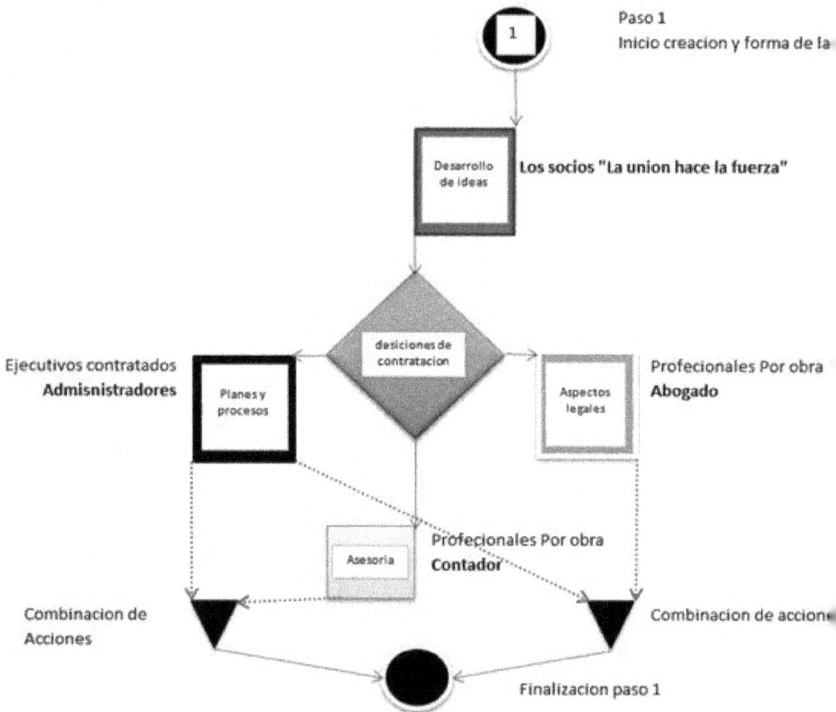

LOS SOCIOS, LA INTERACCIÓN DE LAS ETAPAS DE INICIO.

En Sudamérica como en el resto del mundo, un noventa y nueve por ciento de espléndidas fortunas productos del azar (como el juego de la lotería o sus diversas modalidades), o riquezas obtenidas del infortunado deceso de algún familiar (por cobro de seguros o herencias), terminan por dilapidarse en lujos excesivos o fallidos intentos comerciales al cabo de pocos años de adquiridas.

En la mayoría de los casos de la muestra propuesta en este ejemplo, la pérdida del capital se da por desconocimiento. Cómo invertir o en que invertir es la pregunta que nunca acaban de comprender, y de cómo hacer para que su inversión mantenga a la vez, los gastos que produce su nuevo estilo vida (El que siempre es costosísimo).

Por esta razón es que varias veces en este libro, se hace énfasis en que toda idea que nace en la mente de un emprendedor, es una obra que no tiene precio.

Con estos ejemplos se trata de explicar, que por mucho dinero que se tenga, si no existe una idea determinada de que hacer y el concurso de varios conocimientos que apoyen el desarrollo de esa idea, el camino al fracaso es un acto ineludible.

Muchos dirán, pero bueno y que importa si tengo una buena idea, si no poseo esos conocimientos que necesito para que funcione efectivamente.

La respuesta es que: "Ese pensamiento es el mismo pensamiento que tiene la gente a la que le cae el dinero del cielo, por eso lo pierden. Creen que todo se resume a lo que buenamente ellos pueden hacer, cuando esto no es así. No puedes pensar como pobre cuando eres rico, debes de pensar como rico, así seas pobre. Por tanto si tiene que hacer crecer su capital, no puede tratarlo como si se tratara del negocio que mantuvo toda su vida".

Esos "conocimientos" a los que hago referencia, ciertamente son necesarios, pero no forzosamente deben de estar en sus cabezas, esa es la diferencia. Por eso es que debe seleccionar o juntarse con un grupo de personas que tengan un objetivo similar, persuádalos con su idea, convénzalos, enamórelos no digo que sea fácil, pero muchísimos lo han hecho, usted también lo puede lograr.

Después de aquello, contrate personal útil y capaz, no los evalué, deje eso en manos de consultorías especializadas en contratación de personal, ellos harán ese trabajo por usted, cuénteles sus requerimientos y déjelos trabajar en encontrar el personal idóneo.

Por favor, en el siguiente cuadro (Así como en los otros que encontrará aquí) observe detenidamente el detalle de competencia que se asigna a cada grupo, fíjese especialmente en lo que a usted como socio le corresponde. Le gustará conocer además, que esta forma de pensamiento, es recomendada en el decálogo de sugerencias del Señor Carlos Slim Helú (Uno de los cinco hombres más ricos del mundo).

Entonces, usted genera la actividad a través de su idea, capital o experiencia, junta talentos y habilidades, con un grupo de personas que aspiren crecer comercialmente, y dejar de exprimir al estado en nuestra manutención, estará tan ocupado desarrollando su empresa, que se olvidará de quejarse por la inflación, carestía de la vida, o cualquier cosa por la que antes se quejaba.

No todo el mundo querrá ser su socio, pero esto finalmente también es bueno, puesto que las empresas necesitan solo de cierto capital humano para funcionar y crecer. Lo mejor de este asunto, es que usted ahora contribuirá con trabajo, y no, consumirá trabajo.

Una vez que usted ha conseguido hacerse del personal (Elegido por las consultorías) comience a trabajar junto con sus socios, los ejecutivos y profesionales contratados, en la ejecución y formalización de su idea, aprovechando los puntos claramente identificados en el cuadro de competencias descrito arriba. Oblíguese a estar siempre en contacto con los participantes de cada grupo, con el tiempo aprenderá más de cada uno de ello. Obviamente sin tener que hacer lo que hace cada uno.

Toda operación de negocios genera riesgo, pero el "conocimiento" minimiza este riesgo, por eso usted comprará y pagará con justicia ese conocimiento a su servicio, en la mente de otra persona.

Paso 2

Los Socios generan la actividad

No necesita tener en usted, datos no relevantes de la operación.

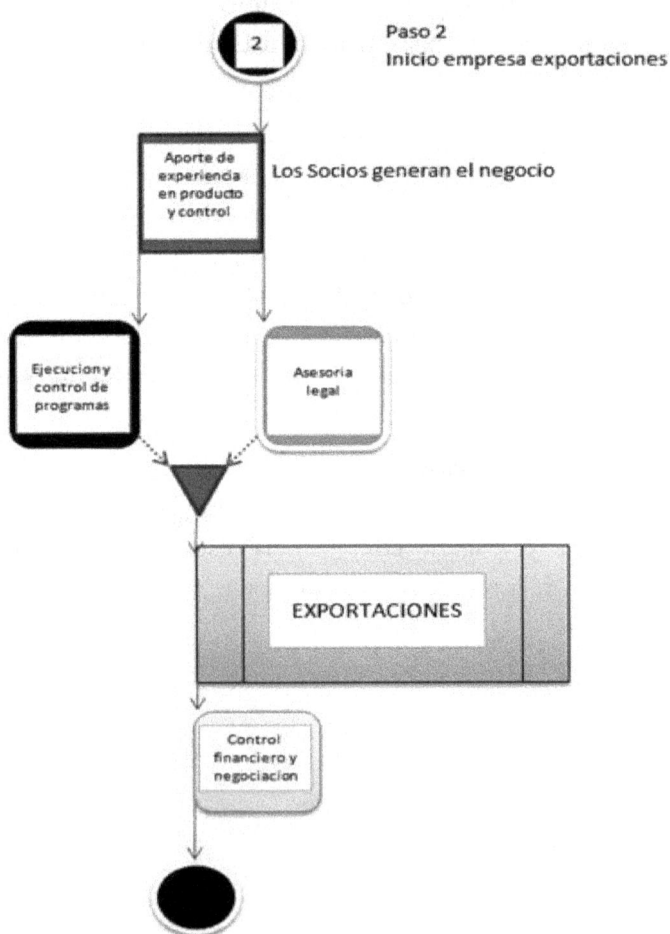

Paso 2
Inicio empresa exportaciones

Aporte de experiencia en producto y control

Los Socios generan el negocio

Ejecucion y control de programas

Asesoria legal

EXPORTACIONES

Control financiero y negociacion

EXPORTACIONES

Puede ser, que entre sus asociados, existan personas con diferentes niveles de conocimientos específicos y generales, este es el mejor aporte que tendrá, en el control y seguimiento de las actividades de sus ejecutivos o profesionales contratados.

Recuerde que la empresa no debe limitarse nunca, a los parámetros que los dueños o el dueño de la empresa tengan. Usted deberá mantener su mente abierta, a las recomendaciones que su recurso humano plantee. Con mucha más razón, si los contrató por sus experiencias y educación en ciertos temas que usted desconoce.

En este paso, usted y su contingente ejecutan y realizan las actividades, que generarán dinero, los planes de producción, los controles de producción, las ventas, en fin, las compras, etc. Por tanto, aquí es cuando su experiencia, y la de sus asociados necesita mostrarse como el activo más fuerte de la compañía.

Los ejecutivos contratados manejarán los documentos que la actividad generará, los organizarán de tal manera, que garanticen un orden en la operación total, pero ellos no son los que producen el bien, a lo mejor solo lo conocen por las referencias que usted les ha dado.

En el paso anterior, se recomendó que dejara trabajar a los especialistas en cada área, pues bien, aquí sus socios y usted son los especialistas del producto o productos a comercializarse, y a pesar de que ustedes tampoco sean quienes lo fabriquen, si son quienes deben de velar por que la calidad final, encaje exactamente en la calidad que ofrecieron producir.

Procure juntarse con los profesionales contratados, aprenda de los abogados las leyes que debe cumplir, y los requisitos legales de los países a los que usted exporta. Por otra parte, los contadores, empezarán a emitir documentos en donde se reflejan en números su realidad económica, nunca está de más, que uno de sus socios o usted, comprenda las nociones básicas, y los significados de cada uno de los estados financieros.

Alimente su cultura, nunca deje de aprender, cada nuevo conocimiento le dará solvencia de respuesta ante contingencias y problemas.

Es menester familiarizase con los nombres que encuentra en cada proceso, no importa que estos se expresen en algún idioma desconocido. En comercio exterior, además de que su empresa trabajará con leyes internacionales, utilizará documentos de pago internacionales, por esto y dado que usted es parte fundamental de la negociación del producto o servicio, debe de interesarse por entender (Sin apuro) todos los puntos neurálgicos de la operación.

Asegúrese de que dentro de su equipo de socios, además de gente trabajadora, tenga a gente con deseos de aprender, así, será mucho más fácil, que cada uno se especialice en uno u otro sector de la empresa. Como se ha repetido varias veces, no con el afán de sustituirlos, sino más bien para ayudar en el control de los procesos.

Algunos de los términos más comunes en este tipo de negocios, y que es conveniente conocer, están detallados a continuación, apréndalos y cuando esté desarrollando su propia empresa, encárguese de buscar todos los demás que afecten en su negocio.

1. Denominación de la compañía: nombre que su abogado propondrá por sugerencia suya, en una de las cientos de oficinas que la Súper Intendencia de Compañías tiene en el país (Existe una en cada ciudad industrial o capitales de provincias, también se puede acceder a través de internet), Todo el proceso desde la aprobación del nombre hasta la aprobación de la compañía, es gratuito.

2. Minuta de Constitución de la Compañía: documento en donde se declara, el objetivo de la compañía, los socios, y demás artículos exigidos por las leyes del Ecuador.

3. Constitución de la compañía: todo el proceso que su abogado ejecutará, para darle vida a su compañía. Integración de capitales, afiliación a Cámara de Comercio, Registro Mercantil de escrituras, publicación de extracto, ente otros.

4. Registro Único de Contribuyentes: es un código numérico tramitado por su contador, en nombre de la compañía, exigido por el estado para todas las personas naturales o sociedades que generan una actividad económica, con obligación tributaria (Pago de impuestos).

5. Estados Financieros: son informes que utilizan las instituciones para reportar la situación económica y

financiera y los cambios que experimenta la misma a una fecha o período determinado.

6. Controles de producción: documentos maestros, en donde se detalla el proceso, inicio, transformación y salida de la producción de la empresa.

7. Órdenes de compra: como su nombre lo indica, este es un documento en el que se detalla el producto o servicio a comprarse. Este documento no constituye obligación de compra.

8. Patentes de funcionamiento: documentos de registro en instituciones del estado, para control del funcionamiento de empresas privadas (Solo en ciertos productos es necesaria).

9. Certificado Fitosanitario: documento normalmente exigido en exportaciones de productos silvoagropecuarios, que certifica que los productos han sido examinados y que se ajustan a las disposiciones fitosanitarias vigentes en el país del exportador.

10. Certificado de origen: documento elaborado por el productor o exportador de un bien en formato previamente autorizado refrendado por las autoridades del país de exportación o por una entidad que éstas autoricen, en el cual se certifica que el mismo es originario de un territorio aduanero determinado.

11. Consignatario: es la persona que el contrato de transporte indica como el destinatario.

12. Conocimientos de embarques: documento que se emplea en el transporte marítimo. Emitido por el

naviero o el capitán del buque, sirve para acreditar la recepción o carga a bordo de las mercancías a transportar, en las condiciones consignadas. Suelen emitirse tres originales y varias copias no negociables. Es necesario presentar un original para retirar la mercancía.

13. D.A.E: documento que contiene los datos exigidos para la operación aduanera y sirve para determinar el destino de las mercancías declararlas, aforarlas y retirarlas.

14. Bróker: es un intermediario que cobra una comisión por su trabajo, realiza contratos sobre bienes y propiedades diversas, sin que sea preciso poseer físicamente las mercancías.

15. Agentes de Aduana: persona física o jurídica que realiza por cuenta del exportador o importador las gestiones encaminadas a recibir las mercancías del consignatario o a ejecutar despachos de aduana.

16. Handling: servicios prestados por agentes navieros u otros similares (agencias receptoras a emisoras).

17. Inland: flete interno.

18. Consolidación: actividad que permite agrupar diferentes embarques (cargas) de uno o varios consignatarios, para ser transportados bajo un solo documento de transporte madre.

19. Embarque: proceso mediante el cual se cargan las mercancías en los medios de transporte.

20. Cobranza: servicio que presta un banco a sus clientes y corresponsales para tramitar según instrucciones, el

cobro y/o la aceptación de documentos financieros y/o comerciales.

21. Cartas de crédito: documento de pago que un banco entrega al cliente y en el que solicita a los representantes extranjeros, pongan a disposición del cliente titular los fondos que precise, hasta un límite y plazo determinados en un contrato anexo.

22. Aval: garantía, por la cual una persona o empresa se compromete a responder por el cumplimiento de una obligación (Compra)

23. Factoring: es la negociación de facturas de cobro con una entidad que anticipa el monto de la venta, descontado un valor por comisión e intereses. Los servicios más importantes que prestan estas empresas son: garantía de cobro para el exportador, prospección de mercados, contabilidad de las ventas o investigación de la clientela. Las entidades de factoring están autorizadas también para recibir los pagos que los importadores de bienes y servicios adeuden a sus clientes extranjeros.

24. Arancel: son tarifas con las que se grava a la mercancía importada o exportada según el caso.

25. Partida Arancelaria: serie numérica que sirve para identificar los productos del Arancel de Aduanas (Tanto en la importación como en la exportación).

26. Incoterms: Reglas Internacionales para la Interpretación de los Términos Comerciales.

27. Courier: es un sistema de correo urgente.

28. Factura comercial: documento en el que se fijan las condiciones de venta de las mercancías y sus especificaciones. Sirve como comprobante de la venta, exigiéndose para la exportación en el país de origen y para la importación en el país de destino.

29. Naviero: es el responsable de la empresa marítima transportista, fiador de los actos del capitán y de las obligaciones contraídas por éste para reparar y habilitar el buque.

30. Zona Franca: es una extensión de territorio establecido por las autoridades competentes de un país, con objeto de considerar fuera del territorio aduanero nacional a las mercancías introducidas en él a efectos de la aplicación de los derechos arancelarios de importación.

31. Token: es un dispositivo USB de seguridad en donde se registra el certificado digital que permite a través de una firma electrónica acceder al sistema Aduanero Ecuatoriano (Ecuapass). Puede tramitarlo en las oficinas del Banco Central en las Cabeceras Cantonales, o en las Cámaras de Comercio de las mismas ciudades.

El conocer o contratar a alguien que conozca este tipo de conceptos y como aplicarlos, evita riesgos innecesarios a cambio de valores relativamente bajos en relación al servicio que prestan y los resultados que se obtienen.

Paso 3

Los socios son cautelosos en el gasto, esto es bueno para los tiempos de carencia.

Reinversión, modernización.

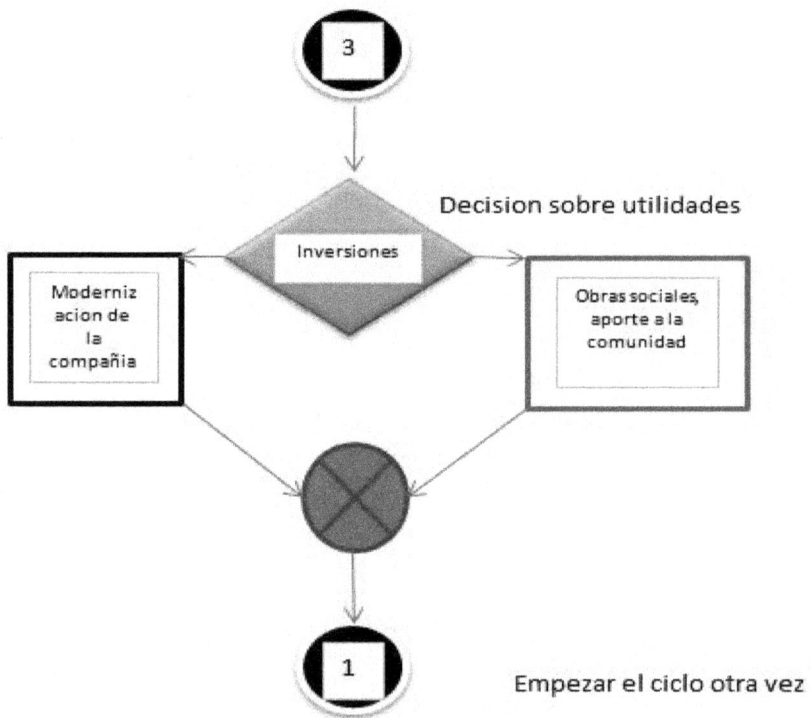

EMPEZAR EL CICLO NUEVAMENTE. La primera decisión que los socios o el dueño de la compañía deben de tomar en referencia a las utilidades, es el de reinvertirlas en la misma entidad.

Todo el dinero que salga de su institución téngalo por seguro que se esfumará, reinvierta sus utilidades en modernización, tecnología, en simplificar los procesos internos, buscar productividad, investigar nuevos mercados y desarrollar nuevos productos (Slim). También destine un monto específico para ayudar a los más necesitados, no necesariamente debe regalarlo en efectivo, puedo darlo en salud, vivienda, o educación empresarial. Invierta una cantidad (La que usted escoja) en enseñarle a los menos afortunados, como ganarse el pan de cada día de una mejor forma, ayúdeles a que comprendan, como mejorar sus ingresos a partir de un esfuerzo técnico, en vez de un esfuerzo común.

Enséñeles a pescar, no les dé el pescado en un plato listo para servirse.

Entienda bien, que el empresario es un administrador temporal de la riqueza del mundo. En algún momento tendrá que partir, y de aquí, nada se puede llevar (Slim).

José Ramón me permitió aprender todo esto, él tenía sembradas sus esperanzas en mí, ahora debía conocer un secreto del Barrio Lindo que solo unos pocos guardaban, fue un momento de agonía para ambos, porque colateralmente este episodio mostraría, cuales habían sido las verdaderas intenciones, que me trajeron a este lugar.

...El invierno había entrado otra vez, dos años después de mi llegada, el padre Patricio, mi amigo el párroco del Barrio Lindo, me habló para que lo acompañara, íbamos a rendir un homenaje a la fundadora del Barrio Lindo o algo por el estilo, ya nada me parecía extraño, así que sin dudarlo le dije <<bueno>>.

Salimos del barrio en la camioneta de la parroquia, mientras viajábamos, conversamos de la actualidad laboral del país, algo de política y de los nuevos integrantes.

Tres kilómetros fuera de la ciudad, en la vía hacia la playa, entramos por un callejón empedrado de aproximadamente dos cientos metros de largo, llegamos a un camposanto llamado Flores del Edén, y ahí nos detuvimos.

Sin preguntar qué, o porqué, me bajé y lo seguí. Delante nuestro y acuclillado frente a una de las tantas tumbas casi a la entrada de aquel lugar, estaba José Ramón. Lo vi más feliz que siempre, y eso es decir bastante, pues a ese hombre jamás se lo ve renegar por nada, si llueve le gusta, si esta nublado le gusta, si hace calor le gusta, lo mismo si hace frío, si es dulce o salado, si es blanco o negro, en fin le gusta vivir.

Cuando me acerqué hasta él, me percaté de que cantaba una canción de cuna, al sentir mi presencia se levantó y como siempre me saludó con un efusivo abrazo.

Continuó tarareando esa melodía y cuando terminó se agachó nuevamente. Soltó delicadamente un arreglo floral sobre la tumba y sonrió.

En la placa de cemento se leía:

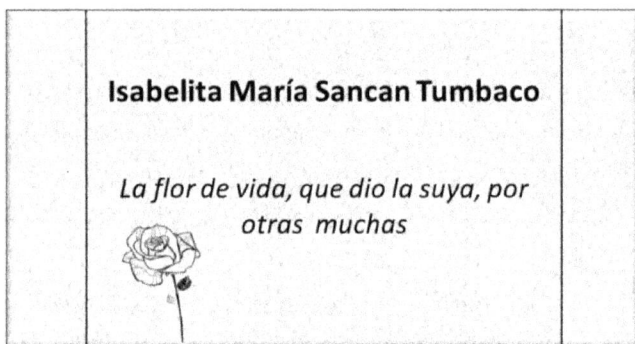

Isabelita María Sancan Tumbaco

La flor de vida, que dio la suya, por otras muchas

Nunca había escuchado hablar de los hijos o de los familiares de José Ramón, el siempre andaba solo, si no, hubiese cambiado mi forma de pensar con respecto a los prejuicios, hubiese asegurado que era medio raro, o que pateaba con la izquierda, para que me comprendan mejor.

El padre Patricio se inclinó luego, y le entregó un juego de llaves, José Ramón las tomó y se fue a la parte anterior; soltó del segmento bajo, una cadena atada a un cofre metálico; obtuvo de allí, un marco de aluminio con vidrio que contenía un papel.

-Lo siento, no lo sabía – le dije dándole una palmada en el hombro

-Juan Carlos, te presento a mi hija, ella estaría alegre de saber que tú también formas parte de nuestra gran familia – Con esto sí que me desconcertó, pero de igual forma, decidí no preguntar nada.

-Ella es la gestora de nuestra empresa, el fundador fue mi Señor- me dijo devolviéndome la palmada.

José Ramón se levantó del suelo, y caminado hacia mí, me entregó aquel marco que tenía entre sus manos diciéndome:

-Durante mucho tiempo dejé mis recuerdos enterrados junto a mi pequeña, ahora que he cumplido con mi promesa, por decisión propia los recupero. En algún momento de mi vida, soñé en tener más dinero que nadie; hasta cierto punto, mientras el deseo fue sano y el objetivo era el de compartir, esto era bueno, pero cuando sucumbí ante el poder que me otorgaba este, empecé a abusar de él, y me olvidé del principio por el cual lo buscaba.

Cuando me di cuenta de lo equivocado que estaba, había perdido casi la mitad de lo que logré obtener con mucho esfuerzo, por tanto reflexioné y descubrí que el esfuerzo y la perseverancia solo me podrían dar milagros económicos, y no milagros de vida, estos solo se encuentran en la pureza, la verdadera riqueza está junto a los familiares, pues donde hay amor desinteresado y real, ahí está Dios, y con él, viene la verdadera prosperidad.

Fue tarde para mi hija, quien murió cuando yo llegaba arrepentido, y dispuesto a reunirme con ella. Esto fue lo último que me dejó como legado, me fue entregado por el doctor que intentó salvarla, todos intentaron hacer algo, menos yo, por eso me comprometí, a no permitir que otro niño sufriera lo que mi hija sufrió, ahora que veo mi obra en marcha, me puedo reencontrar con todo lo que es ella.

-Toma, léela y trata de comprender lo que sentí.

"EL REGALO PARA PAPÁ

Voy a darle una sorpresa a mi querido papá, y él no sabe que será, si me voy de tu ladito, solo me voy para el cielito, nunca te dejaré solo, siempre estaré contigo papito.

Otros niños aún se quedan, sus papitos muy lejos están, quisiera yo verlos juntos, no quiero verlos llorar.

Los niños muy tristes van, los niños están solitos, No pueden más tiempo jugar, deben traer dinerito.

Toma este lindo dibujito, es lo que siempre he querido tener, estar juntos tú y yo solitos sin que nada nos pueda vencer.

Nunca he querido una casa, nunca quise un carrito.

Solo quiero que estés a mí lado

¡REGRESA PRONTO PAPITO!"

Luego de leerla la devolví, comprendí su ímpetu, su perseverancia, sus ganas por regresar con su hija en cada relación que lograba recomponer.

Al rato, y mientras nos dirigíamos hacia los vehículos, el párroco fue detenido por su amigo, yo permanecí parado junto al carro en el que había llegado.

Al acercarse, el padre rodeó el automotor y me dijo:

< Vete con José Ramón> Asentí con la cabeza y para allá me fui.

No me dejó entrar por el lado del pasajero, me lanzó las llaves por encima del carro y con su mano me indicó que manejara. Cuando estuve sentado y listo para encender el carro, me dijo algo que me dejo más sorprendido, que aquel día en que le conocí:

-Juan Carlos, la entrega y el trabajo que has aportado en nuestro barrio es colosal, todos te conocen, y muchos te admiran, eres el cimiento que estábamos esperando.

-¿Estaban? ¿Quiénes? - respondí

-Mi hija y yo

-No entiendo

-Juan...el día que tocaste a mi puerta, había recibido la notificación de que era cero positivo de VIH, lo que complicaba aún más mi condición de insuficiente cardiaco.

-¡Qué! – exclamé sorprendido

-Si, por excesos vividos en aquella etapa falsa de riqueza que te comenté, enfermé, aunque en muchas otras personas, esta dolencia se presenta luego de muchos años, en mi lo hizo rápido, en fin, me queda poco tiempo de vida y necesito que alguien continúe con la obra de mi hija, esa persona eres tú.

Con miles de preguntas sin respuestas revoloteando en mi cabeza, decidí deliberar aquella responsabilidad.

Después de aquel anuncio, mi silencio revelaría muchas más cosas a José Ramón, de las que podía haber acotado hablando, tomé la avenida alterna a la ciudad y luego de pasar por el acceso 35, pude divisar a lo lejos el carro de Patricio parqueado a las afueras del Barrio Lindo, algo raro sucedía, y estaba punto de descubrirlo.

Mientras esperábamos a que se diera el cambio de luz roja a verde en la intersección cuarta, me pareció verle llorar, me pidió que condujera lentamente, como queriendo guardar aquel panorama en su memoria, no le inmutaba el resplandeciente sol, ni la fuerte ventisca que a esa hora se había presentado y que le estaba azotando el rostro.

Aunque exteriormente soy siempre un ser inquebrantable en todos los sentidos, en ciertos momentos, la debilidad propia del ser humano, parecería invadirme y agobiarme.

Pretender que involuntariamente estaba sintiendo tristeza por la partida de mi amigo era mezquino, la verdad es que desde que llegué aquí, he conseguido sacar provecho de las situaciones más deprimentes y terribles que he tenido, así que estaba esperando obtener de la vida el mejor pago por todos mis sufrimientos.

<< Soy el campeón de campeones en ver partir a mis amigos>> ¿Pensé... o lo dije en voz baja? Quién sabe, pero lo cierto es que inmediatamente José Ramón me dijo fríamente:

-No es así y dentro de ti sabes que es cierto lo que digo, cada uno de nosotros, simplemente dejamos de estar aquí, para estar contigo, ¿en dónde...te preguntarás?, solo debes mirarte para descubrirlo, yo sin ser tú, lo he notado desde siempre.

Estábamos parqueados en las afueras del Barrio Lindo, aun sin recobrar mi fuerza espiritual, "el emigrante" (así le decían, porque con facilidad dejaba que su corazón migrara a donde alguien lo necesitaba) me pidió que nos parqueáramos delante del vehículo de Patricio.

El ambiente se cargó de tensión, una que en el pasado solía llamarla "despedida", con eso incluía todo lo referente a la muerte o a la separación entre dos historias, o dos costumbres, al final vienen siendo lo mismo. Ahora no podía señalarla así, no porque no quisiera, si no que gracias a mi amigo descubrí el verdadero sentido de su presencia entre nosotros, y del por qué para muchos es difícil aceptarla.

-¿La sentiste...? – me dijo

-Así es... ya la estoy disfrutando – le respondí sinceramente

-Ja, ja, ja, ja, eso es muchacho, que buena respuesta- y volvió a reír con fuerza

-José, antes de que... - Le iba a preguntar cómo debía de comportarme, o enfrentar el nacimiento de nuevas relaciones con los visitantes del Barrio Lindo, o con aquellos que llegaban para quedarse. Es cierto que yo lo había visto a él innumerable número de veces hacer esto, pero se me complicaba mucho el desarrollar relaciones sociales; pero no me dejó terminar la frase, y se adelantó a responderla.

- Si... no hay problema te lo voy a explicar. Cierto es que tú o quien quiera que sea, pueden intentar a través del acercamiento establecer una forma de comunicación con una persona que les interesa conocer, pero ese intento, es solo el cincuenta por ciento del total de la acción. El porcentaje restante es única y exclusivamente decisión de la persona que intentas conocer, la que escogerá entre responder a tu acercamiento o no hacerlo, ¿Verdad?

- Pues sí, así es. – respondí sin estar seguro de lo que me quería decir.

-Atiende a esto, todas las personas que llegan a golpear nuestra puerta, lo hacen motivados esencialmente por dudas. Estas dudas encierran: miedo, ansiedad y deseo. No pueden saber qué es lo que les depara el futuro y eso los llena de nervios, por otro lado estamos nosotros, al igual que ellos, tampoco sabemos lo que hay en el futuro, pero como ya te lo he dicho muchas veces solo nos fijamos en el presente.

Cada mirada, forma de pararse, apretón de mano o tono de voz, te dice exactamente, cómo y en qué forma debes abordar a la persona que tienes en frente, si eres lo suficientemente observador, la información que obtengas de esa primera impresión, te dará las ideas necesarias, para contar de antemano con ese cincuenta por ciento faltante. Después de eso, el mantener esa relación estable y duradera se trabaja utilizando y mostrando, lo débil o fuerte de las decisiones que esta persona tome en adelante, si son conscientes o reactivas. Verás que al poco tiempo, a través de estos ejercicios acerca de la realidad, te habrás ganado su confianza, pero por sobre todo su respeto, y con este una muy buena amistad. Así es como yo puedo saber lo que quieren todos, e incluso hasta lo que piensan, pues en un momento u otro, me han dicho lo que quieren de forma inconsciente, pero al no aceptar esta realidad prefieren pensar que soy yo, el que lo adivino.

-Pero yo no… - Nuevamente me interrumpió

-No, Juan Carlos, nada de "no" esto, ni "no" aquello, esto es sin peros… maximiza esa motivación que tienes y que te ha convertido en lo que eres, si lo haces así, ni aun estando en las proximidades de la muerte verás al mundo en forma negativa, todo lo podrás obtener, solo enfócalo de la forma correcta, y los resultados serán increíbles.

-¿Qué quieres decir? – pregunté un tanto abrumado.

- Que confíes más en ti, que confíes más en nuestro principal accionista.

-¿Principal accionista?... no sabía de eso – Le dije muy impresionado

-Todos lo saben, pero temen ser burla de sus amigos o conocidos, por lo que deja de creer en una posible conexión con él. Esperan una desgracia en sus vidas para reconocerlo, y con esto se pierden el aprovechar y tomar para sus vidas, todo lo que a gritos él les quiere dar.

-¿Hablas de…?

-Si… pero es mejor que no lo digas en voz alta, hasta que no sea mucho más que un conocido en tu obra.

-Bueno dime entonces ¿Qué debo de hacer para atraerlo? – Lo miré y esperaba una respuesta que liberara la última de las intrigas que mantenía encerrada en mi pecho con doble seguro y doble pared.

-Te he visto desenvolverte, resolver problemas y sugerir ideas brillantes, sé que eres un hombre decidido y trabajador, nunca te das por vencido aunque la derrota te gane varios asaltos y eso es bueno, pero es muy forzado, así te cansarás muy pronto y la forma correcta de ganar las batallas es con el menor esfuerzo posible, para esto siempre necesitarás aliados. Pero, para poder llegar al más importante de ellos, debes aislarte del mundo para encontrarlo, esto no significa esconderte del universo, significa apartarte de todo por unos pocos minutos, en busca del conocimiento que no está en ti. En el silencio encontrarás la forma perfecta de entender eso que no puedes escuchar cuando hablas con afán, este momento es la información vital para invitarlo a tu sociedad.

-¡Eso es todo...!

-Si eso es todo. Por eso es que aun no comprendo, como todavía existe tanta gente viviendo en la miseria a nuestro alrededor, cuando lo que solo necesitan es ¡CREER!, para ello no es necesario tener dinero, ni bienes, ni diplomas o maestrías, solo necesitas humildad y fe. La que está dentro de ti, ubicada siempre entre tu mente y tu corazón. Arroja las necedades que albergas en tu vida, y la riqueza empezará a mostrarse ante ti.

-¿Es difícil? – pregunté.

-Claro que lo es, por que ha sido tanta la basura que has recibido a lo largo de los años, que desprenderte de ella te parecerá inseguro, incluso podrás hasta sentir la misma muerte venir, lo que indica que estás en el camino correcto, pues solo muriendo podrás renacer de nuevo.

-¿Por qué esperaste tantos años para decirme esto? – le dije en tono de reclamo.

-Yo no esperé, tú te demoraste en reconocer el potencial que tienes, y reconocer que eras el hombre indicado para guiar nuestra corporación

-¿...?

-Hoy te dije que el hombre indicado eras tú, ¿Cierto? pero lo que no te atreves a reconocer, es que tanto tú como yo, lo sabíamos desde tu llegada, tu sabes que todo coincidía, la vida a través de tus sentidos te señalaba inminentemente como mi sucesor, pero se te hacía imposible de aceptar el hecho que un "Don" nadie, reemplazara a un "Alguien.

-Es verdad José, yo lo sentí en parte... ¿Por qué razón? – pregunté ahora con sencillez.

-Esta respuesta está en ti, o confías más en lo que sientes y crees poder hacer, o sucumbes ante esos temores, que finalmente te mantienen atado al fracaso.

-Me confundes José Ramón, no te entiendo...

-En ese punto no te puede ayudar, solo tú eres, quien puede cambiar el rumbo de las cosas.

-¿De qué hablas? – le dije sonrojado

-No sé ¿Dímelo tú? ¿Qué es eso que guardas con tanto odio dentro de ti? ¿Por qué eso te motiva a luchar? ¿Por qué te resistes tanto a la vida y a la paz interior?

<<No podía créelo>> - pensé de inmediato, habíamos llegado a mi llaga interna, ese punto privado que jamás quise tocar con nadie, ni aun con mi madre, ese que resguardo con recelo, el que era solo mío.

<<No sé cómo permití que me acorralara>> - me dije... luego me pregunté, ¿será que esto es coincidencia?,

porque si no lo es, y resulta ser mi prueba final, la quiero reprobar en este mismo instante.

Situado entre la espada y la pared, dentro de aquel vehículo, y sin algún recurso que fuese lo suficientemente convincente para lograr salir de mi más aquejado rencor, como el peor de los sujetos, me llené de una rabia nociva, capaz de triturar hasta al más valiente de los guerreros.

La última

Mi amor...

Así te he llamado desde el inicio, y así te llamaré por siempre
No sé por qué en mis cartas puedo resaltar lo que con mi vida no te
parece llegar.

Toda la fuerza y el ímpetu por ganar, tiene un solo sentido y renacen en
un solo lugar, un sitio especial, en donde mis penas se pierden y mi ser
se reconforta, suelo llamarlo mi hogar

Los fracasos son parte de mi piel, y Dios sabe que jamás los he querido
compartir, son fruto del deseo arraigado en mí, por llevarte al lugar que
tú deberías tener.

Pero a casi nadie le gusta disfrutar de la nada, es tan triste y vacía que
se percibe como constituida, solo por cosas vanas.

Yo lo puedo sentir, porque es lo único que al parecer te he permitido
vivir.

En mi ambiente predefinido por mentiras, hay una sola verdad, la que
por más que intente ocultar, siempre se las arregla para salir de su
lugar, y es que te amo.

Te amo con dolor, te amo con pasión, te amo con perdón, te amo con
locura, pero también te amo con desprendimiento, y este último es el que
acoge tu pedido.

Este amor sensible que nunca pretendió ser necio, comprendía tu desesperación, aunque no entendía tu desprecio.

Sabía que buscabas educarlo, y llevarlo al plano de los mortales normales, de la vida segura, no querías para ti un loco que solo te diera amargura.

Este amor finito que tú planteabas, tenía horizontes muy cercanos, y aunque eras tú quien lo pedía, quise darte costales, y no solamente los granos.

Me resultaba esquivo al pensamiento, darte tan poco, cuando me enriquecías todo el día, preferí soportar tu pasión, y trabajar por tus gustos sin rebeldía.

Aquí termina una relación, la tuya con la mía, no la mía con la tuya, esta perdurará según los mandatos de Dios.

Me mantuve fiel a los preceptos del matrimonio, soy y seré un defensor del mismo, con todos sus vaivenes, con sus temporales calmos o sus sismos.

Creo en el cariño verdadero, el que ama sin presiones ni condiciones, aquel que aunque descompuesto no necesita quien lo repare, ese que dura por todos los días de sus vidas, hasta que la muerte los separe.

Todos buscan la mujer de sus vidas, yo tengo la mujer ideal, no pido más ni pido menos, estas justo dentro de mi esquema franco y leal.

Siempre serás la inspiración, el anhelo, la fantasía, el deleite y la ilusión de mi existencia, respondes a mi alma como yo a la persistencia.

Serás todo lo bueno y parte de todo lo malo, junto o separado te necesito para crecer, pero no pude mantenerte a mi lado, no pude hacerte creer.

Me divorcio amándote más que nunca, sintiéndote como la parte que necesitaba para volar, eres lo que más quiero, eres lo que me faltaba para soñar.

Me pides que sacrifique los momentos en familia, que las deje libre y que me marche sin rencor, acepto lo que me pides deseándote de corazón, lo más grande para ti mi vida, que Dios te premie con lo que pidas y le dé a mi hija lo que tu ansias, un hombre verdadero que se disfrace por siempre… con el traje de un padre mejor.

Un beso
Juan Carlos

No quise decirle nada, solo le entregué el poema, pues siempre lo llevo conmigo, sabía que leyéndolo, el deduciría lo que había sucedido, como extraño a mi hija y como cuando el habla de la suya todo mi rencor me parece una idiotez.

Muy dentro de mí, sentía como desde el centro del pecho, algo quería salir y gritar desesperadamente: ¡TODOS AQUÍ! ¡ATIENDAN! ¡ESTA ES MI VERDAD! Pero qué más da, decir que mi ex esposa sigue siendo la inspiración de mi lucha es una tonteria, pues ahora me importa un reverendo comino su infeliz vida, lo que sí importa en cambio es que nunca dejó de ser el aditivo complemento inspirador de mi pelea.

Supe por mis amigos que se casó nuevamente con un buen hombre a los dos meses de haberse divorciado de mí, sé que ahí hubo cachos, y aunque fuera doloroso reconocerlo, en el fondo le agradecía ser el combustible que encendiera mi deseo ardiente por vencer.

La única estrategia asumida y pretendida por mí es "devastar sin compasión al enemigo" no dejar heridos ni rehenes. Pero para esto requería del triunfo laboral en mi vida, que ya lo he obtenido. Con ello podría llegar pateando puertas y recuperar a mi hija.

Tenía que plantear la lucha con agresividad y así lo hice, por tanto el dinero era un mal necesario para comprar el poder, pagar a los mejores abogados del país así como a uno que otro juez corrupto.

Por eso en la casa de empeños de la vida estoy dejando mi juventud, yo le doy mis mejores años, ella me da todo el dinero que deseo. Solo me interesaba el vil metal, la opulencia, y es que para ser sinceros, el éxito como reconocimiento, aún ahora me importa un carajo, si soy ensalzado o no, si me dan premios o no, si me toman de ejemplo o no, para mi es irrelevante, pues con ello no gano nada, y lo que no da nada, en mi filosofía sale sobrando.

La solvencia económica en cambio mueve al mundo, y lo mejor del asunto es que todos veneran este sistema de vida, lo que me da fuerza y posicionamiento. Ahora mismo estoy armando fuera del Barrio Lindo, un ejército de perros interesados, que por unos mugrosos centavos, me venden hasta su alma. Funcionan como mis testaferros y mi fuerza de choque, ya he movido inteligentemente mis fichas y la desolación para los desdichados que se atrevieron a mofarse de mí, es cuestión de horas.

Y como si no tuviera suficiente, ahora José me está dando el último empujón que necesitaba, al dejarme la mayor empresa de Sudamérica en mis manos.

El sueño perfecto había llegado, todos los escenarios escritos en el guion de mi obra, se darían por fin, yo escogería el lugar y la hora, y nadie podría quejarse o eximirse.

Cuando mis ojos se llenaron de lágrimas frente a "el emigrante", este pensó que lo hacía por su despedida, pero realmente eran de gozo por el Apocalipsis que mi imaginación maquinaba, ese reencuentro en los tribunales, snigf snigf... me llena de alegría.

El frio del invierno en Europa, fue mi primer maestro marcial, me enseñó a canjear el dolor de huesos, por la satisfacción de ganar dinero para mis fines vengativos.

No me he olvidado de nadie, todos están debidamente ubicados en una extensa lista de infelices y de sus malas acciones. Me las van a pagar con creces, y nunca sabrán quien los exterminó, pero eso sí que nadie se confunda, todo lo haré sin violencia, yo disfruto de la estrategia y el resultado, no de los reconocimientos, ni aun en este caso, lo que deseo es demostrar casa adentro mi superioridad intelectual, verlos sufrir desde lo alto, pero sin derramar una sola gota de sangre.

Lo cómico es que incluso, pisotearé leyes internacionales, específicamente aquellas que condena el genocidio, pues lo haré sin hacerlo. No necesito matar ni mandar a hacerlo, he plantado una semilla dentro de sus familias, que los acabará rápidamente.

Recuerdo la primera vez que elaboré el detalle de mis detractores, no había nadie de entre los acusados que no tuviese por lo menos un apellido en común con la zorra de mi ex, otra cosa en particular, es que todos residen en un mismo barrio, y todos dependen de un mismo trabajo, ja, ja, ja.

Esto fue lo mejor de todo, nunca me peleé con nadie, y puse tal cara de compungido, que se apiadaron de mí. En ese estado emigré, con el transcurrir del tiempo, y cuando las cosas empeoraron en el país, se acordaron de mí, me llamaron y empecé a ayudarlos económicamente. Después de mí vuelta al Ecuador y mucho después de instalarme en el Barrio Lindo, en las inmediaciones del lugar armé un despacho jurídico, en donde trabajaban para mí un grupo de seis abogados muy hábiles que laboran ayudando a quienes no tiene recursos, y por ende a quienes no pueden defenderse. En ese mismo local, coloqué a uno de esos familiares agradecidos del montón, después, por medio de un secretario externo que tengo, lo convertí con mis influencias políticas en un notario prestigioso de la ciudad, a través del cual, opero dando préstamos usureros a la ciudadanía, con poco o casi nada de garantías. A la mayoría de las personas les entrego créditos suaves, y lo hizo según mis disposiciones, esto fue como un aporte a mi patria o algo así, pues por último si no lo devuelven, desde el comienzo estuve convencido que era por una buena obra.

Además, y hablando sinceramente el pago lo obtuve hace tiempo, pues al poco tiempo de trabajar con este método de préstamos, se corrió la voz y la fama creció de tal modo, que tal y como predije, los parientes de mi ex se volcaron hacia esta oficina, y entregaron papaya. (Significa "que me dieron todo" en el lenguaje popular)

Al cabo de un añito, llegaron a mis manos las escrituras de todas sus casas, cheques en blanco, letras, y un sinfín de documentos con los que los haré ¡mierda!

Por último, acordé con un investigador privado una serie de trabajitos, en los que hice seguir a la perra por doquier.

Deseaba obtener pruebas en su contra por lo menos en el lapso de un año, pero las obtuve en menos de tres meses. Al parecer el gil con el que se casó es un mandadazo que sucumbe antes sus deseos, por lo que también lo cuernea, mientras lo desvalija.

Bueno, bueno, es mentira, esta desgraciada, siguió siendo una buena mujer y una buena madre, pero esto nadie lo debía saber.

Solo el recordarla durante ese breve momento junto a mi amigo, fue suficiente para transformarme en un individuo sin moral, empecé a maldecir y a utilizar los peores epítetos, algunos de ellos muy ofensivos al oído humano, pensé que José Ramón lo había adivinado por cómo me miraba, estaba seguro que me mandaría al carajo, y que buscaría a otra persona para dirigir el Barrio Lindo, con ello se truncarían mis sueños de venganza una vez más, y no sabría hasta cuando y donde retomarlos.

Aun así, existía algo pre programado en mi cerebro con directrices y esquemas planteados con absoluta exactitud durante mis largas noches de depresión en España, por tanto, jamás permitiría que él o nadie, tratara de persuadirme en poner la otra mejilla y abandonar mi contienda justo cuando estaba a punto de ganarla, pero en esto también estaba equivocado.

Por sorpresivo que parezca, esto era justamente lo que él quería que yo hiciera, que reflexionara sobre mis sentimientos, pues con eso el me daría la última lección que impartiría, era la que me faltaba para manejar con éxito aquel lugar, pero sobre todo, para llevar mi vida hasta la victoria.

Casi siempre que la vida nos presenta súbitamente con situaciones extremas y en las que de una u otra forma nos vemos envueltos en ellas, podemos divisar desde el mismo inicio que tal acontecimiento cuenta con dos perspectivas, una es buena y la otra obviamente es mala.

Así empezó a hablarme José Ramón, yo ya estaba ocupadísimo sacando cálculos y proyecciones de lo que podría plantearme, cuando, y como siempre, cambió el tema usando un "as" bajo la manga, para dejarme totalmente sin guardia.

-Juan Carlos, atiende esto que te voy a decir, es mi última clase, por lo que no voy a repetirla — me dijo en tono sarcástico, y me mostró algo en sus manos que me dejó atónito.

- ¿Quién te dio eso?... ¿Por qué lo tienes en tus manos? — pregunté loco de angustias.

- Ja, ja, ja, lo inesperado puede ser peligroso ¿No?, sigues sintiendo ira, ¿Por qué te lagrimean los ojos?, ¿sabes qué?, la mejor lección te la darás tú mismo, ahora es mejor que no preguntes nada, en vez de eso te recomiendo voltearte, y así podrás mirar lo que llevamos en el asiento trasero desde que salimos del cementerio.

Inmediatamente giré mi cabeza con rapidez, lo hice con tanta fuerza que un par de huesitos me sonaron produciéndome un ligero dolor en la nuca. Empecé a llorar como no lo había hecho en más de 25 años, me transformé en aquel niño indefenso que corría por la ciudad en sus años de inocencia, cuando la tecnología aún no había "mejorado" el lugar.

Como no supe que hacer, José tomó el mando de la situación, hecho a reír con sentimiento y con un golpecito en el hombro me regañó;

- ¡Qué esperas hombre… no la vas a abrazar!

Absolutamente anonadado, mi primera reacción fue resistirme a creer, pero mi corazón bloqueó con astucia el flujo de pensamientos inteligentes que pretendían descender desde el cerebro hasta el resto del cuerpo dando órdenes absurdas, y mejor que eso persuasivamente me arrastró a disfrutar del amor.

- …¡HIJAAA MÍA! – grité desesperado ofreciéndole mis brazos.

- …¡PAPITOOO LINDO! – me dijo mi pequeña y correspondió al gesto abalanzándose sobre mi humanidad.

Aquel instante fue la cumbre de todas las emociones, ya no me interesaba saber nada, como se enteró, o porque me dejó hablar como loco tanto tiempo, ¿no lo sé?, lo importante era que mi hija estaba allí, junto a mí, tan solos como no lo habíamos estado en años, estaba tan ocupado planeando mi venganza, que desperdicié momentos preciosos, los que llegaron a mi mente de una forma misteriosa, la vi vestida de blanco en su primera comunión, disfrazada de muchas cosas durante sus participaciones escolares, incluso la observé llorar por las noches con una foto mía entre sus manos, mire a José Ramón y le dije < gracias hermano>, luego acaricié a mi pequeña pidiéndole perdón, pues en verdad, jamás se me ocurrió visitarla y menos sanarles las heridas del alma.

Me convencí de que este extraño hombre era mágico, pues poseía el don de cambiar a un peligroso lobo en un manso cordero, sus magníficas habilidades me mostraron el camino a casa, a mi verdadera casa, sabía que no me habían regalado esas imágenes del pasado, simplemente yo las tomé del infinito en el momento en que quise tomarlas, sencillamente y sin más explicación que esta, encontré la conexión correcta con mi "Socio", quien desde ese instante jamás se apartaría de mí.

Como padre, madre e hija a la vez, José Ramón desarrolló un sexto sentido que le permitió en forma de corazonadas, traducir las ideas que inesperadamente le llegaban a su mente, en planes precisos que lo convertían en un vidente, en un visionario.

Como él, cada ser humano tiene en las experiencias negativas en su vida, el factor por el cual también puede percibir a través de su cuerpo los mensajes que desde la nada surgen de otros.

Les diré que muchas personas hacen de esto una herramienta y se ayudan al seguirlas sin obstinación, con ello evitan malos momentos e incluso hasta tragedias.

Supe también sin preguntar, que fue poco después de emigrar, que José Ramón empezó a sentir esta conexión con su hija. Pero, cada vez que se le presentaba, el decidía ocultarla, pues creía que era una señal de debilidad, y no quería pasar por un afeminado o algo por el estilo.

"Escuchen lo que su cuerpo les dice, callen su voz y nunca le interrumpan, él tiene algo importante que decirles".

Cuando le oí decir esto por primera vez, no entendí, le pedí pautas de cómo poder hacerlo, a lo que me respondió deja de buscar fuera de ti, y todas las respuestas se entregaran a ti, así explotarás al máximo este don que Dios nos dio.

Lo volví a mirar, me fije como bajaba del carro sonriendo todavía, "El emigrante" hizo una señal de la cruz con su mano derecha hacia nuestra dirección, y pude leer además en sus labios, las palabras "TODO ESTA LISTO", mientras dirigía brevemente sus ojos al cielo.

Sin decir adiós, dejó el vehículo y se marchó. Pensé que nos dejaría solos, para así disfrutar del momento, pero lo cierto es que nunca más lo volví a ver. La enseñanza incompleta estaba casi terminada, para conocerla a fondo, para comprenderla totalmente, me faltaba solamente darme la oportunidad de sentir a la humanidad, y así entregar mis más escondidos complejos al amor eterno de Dios.

José Ramón me enseñó algo que no tiene precio, independientemente de si alguna persona tiene prosperidad económica o no, independientemente de que sea un hombre exitoso en los negocios, independientemente de si se llega a ser un hombre culto o muy bien relacionado, independientemente de si se es pobre, con poca educación, o sin amigos importantes en la sociedad, siempre hay algo que podemos hacer por los demás, siempre hay alguien que nos necesita, cerca o lejos, cientos de personas a nuestro alrededor sufren por razones distintas, yo aprendí de José Ramón, que mi verdadera concentración se debe enfocar en todos los momentos de mi vida, ahora veo los sucesos que pasan junto a mí, todos son importantes, por eso me doy en cuerpo y alma por aquellos que necesitan de mí.

Con esto y determinación "el emigrante" formó el Barrio Lindo, siempre creí que fueron sus cálculos, su genio, sus ideas, pero la verdad, es que con el afán de servir a los demás, los demás terminaron por servirle a él, no hay en el mundo verdad más grande que esta.

En el asiento del conductor encontré una hoja, que ofrecía por su color sepia, indicaciones claras de su vejez.

Había sido escrita a mano, y en ella se leía lo siguiente:

"EL SECRETO DE MI EXITO

Para hablar las lenguas de los hombres y de los Ángeles

Para tener el don de la profecía y conocer las cosas secretas del universo.

Para ordenar a los montes que se trasladen de un lugar a otro.

Para entregar tu vida y sobrevivir por todos los siglos de los siglos.

Para caminar sobre las aguas.

Para calmar las tempestades.

Para convertir.

Para sanar.

Para educar.

La paciencia, te trae las palabras.

El servicio desinteresado, te muestra el futuro.

La humildad, te da el poder.

El perdón, te libera de la muerte.

La verdad, te llena de valor.

Y el amor… te hace grande, pues este, todo lo cree, todo lo espera, todo lo soporta, todo lo disculpa…

Así se te manifestarán sin esfuerzo, el éxito y todas las maravillas del mundo y de los cielos.

Si lo quieres… lo puedes, solo tienes que decidirte a utilizar este secreto…y triunfarás".

Tal fue el éxito de esa primera gran empresa, que con las enseñanzas, y la participación de toda una comunidad emigrante más la decisión de reinvertir las utilidades en apoyo social, investigación de mercados y nuevos productos, conformé varios frentes empresariales a cargo de los miles de nuevos migrantes que llegaban, cada uno contribuía al desarrollo de esa y otras muchas empresas.

Como la peor de las epidemias, pero en sentido contrario, las empresas del Barrio Lindo se multiplicaron, hasta que llegaron a albergar a 1.2 millones de ecuatorianos y ecuatorianas a nivel nacional.

El referente de lo que se inició como un sueño, sería siempre el parque industrial de la ciudad de Manta. Las remesas que antes llegaban como ingresos no productivos, se transformarían en la fuente de riqueza de su propia gente. El segundo año de trabajo, los socios aportaron a la institución: tres mil quinientos doce millones de dólares (El 35% del total del presupuesto general del estado para ese año), el que se multiplicaría por 5, en los siguientes ocho años y por 30 en los nueve años subsiguientes al acoger a migrantes de otras nacionalidades sudamericanas. Lo mejor de todo es que se logró cambiar ante el estado y sin politiquería, el origen de los ingresos de divisas que alguna vez venían con el membrete de "Remesas de Migrantes" por el de "Divisas por Exportaciones".

Todo eso sería el brillante futuro que se forjó en un cartón lleno de rosas, las manos que iniciaron esta proeza, siguen siendo las manos que nos inspiran en nuestras labores cotidianas. Hemos sido bendecidos al poder reunir a un sin números de familias que se encontraban rotas por las distancias que los separaban.

Veo con frecuencia a mi hija, ella y mis familiares vivos fueron los últimos ecuatorianos en llegar a esta gran familia, ahora colaboran como los nuevos socios del mayor complejo turístico de la región, en el sur de la provincia de Manabí, en las paradisíacas playas de Puerto López.

Soy un hombre próspero, confió plenamente en Dios, y en mí.

Nunca volví a emigrar a pesar de los momentos duros que debí vivir. Cuando todo estuvo listo, después de una incesante lucha, planteé el proyecto de José Ramón tal y cual él lo vislumbró en sus sueños, sin rendirme jamás.

Cerca de 65000 familias trabajan aquí, en el primer Barrio Lindo, la mayoría son emigrantes multiétnicos, un grupo de personas que decidieron aceptar la vida sin ponerle peros, formando alianzas estratégicas especializadas en sus conocimientos ancestrales y canalizados en forma magistral por ellos mismos, aquí todos contribuyen con sus experiencias personales, dándole fortaleza a esta organización y engrandeciendo al país.

Aprendieron que para recibir, era indispensable primero dar, así que dieron hasta lo imposible por realizar este sueño.

Hace mucho que nuestros amigos y conocidos debieron establecerse por negocios en las otras sucursales alrededor de Latinoamérica, pero todas las noches, y mientras el señor lo permita, aunque físicamente no estén juntos, se siguen reuniendo en el mismo sitio, utilizando los mismos medios para llegar a tiempo, a la senda de la verdadera felicidad, aquel lugar al que ellos llaman su morada.

Muchos me preguntaron qué sucedió con José Ramón, a dónde se fue, y cuánto más vivió, no puedo responder estas preguntas, solo les puedo decir lo mismo que un buen amigo me contó: "Muchacho, el partió muy lejos, caminando quedito para no levantar el polvo, sacudiendo su atuendo de egoísmos y rencores, viajó libre, sin pedir visa o autorizaciones, sin pagar peaje o impuestos de salida, obtuvo el mayor de sus deseos, aquel que guardaba consigo y que mantenía con inconmensurable amor, te digo que lo vi justo antes de partir y no paraba de reír, cuando estuvo listo , dejó que su socio lo llevara con calma, cerró los ojos y me habló despacito diciendo; PATRICIO...AHÍ ESTA, LA VEO...AUN DUERME EN SU CUNITA, QUE HERMOSA QUE ESTÁ, ME MIRA, YA VOY HIJA MIA, LLEGÓ LA HORA...POR FIN ESTAREMOS JUNTOS.

FIN

Para aquellos que disfrutaron de esta historia, les recomiendo no pasar a la siguiente página, NO LEAN EL CAPÍTULO EXTRA QUE HE PUESTO A CONTINUACIÓN puesto que podrían perder algo que ya han sabido ganar.

La Segunda Oportunidad

(Viene de la Página 46)

-¡Señor!, eh, Señor… le sucede algo – decía un pobre anciano hincándole con uno de sus meñiques el costado derecho a José Ramón.

-Hamm, Hmmm… ¿Qué? ¿Ahh?

-Chútale, perdón patrón, ha estado es dormido, pero es que desde hace más de quince minutos que lo veo ahí paradote, y el sol lo está fundiendo – dijo el anciano.

-¿Qué pasa ah? ¿Dónde estoy? – preguntó el muchacho por demás intrigado

-Si ve, ya ni se acuerda de nada, le va a dar insolación, mejor sálgase de ese algarrobo que ni hojas tiene, y vengase aquí a mi puesto de jugos – lo invitó el senil hombre.

El muchacho, volvió a restregarse los ojos por segunda ocasión, en esta vez, uso más fuerza que la de costumbre, luego se cacheteó las mejillas con ambas manos y al mismo tiempo, miró a su alrededor como idiotizado, luego de varios recorridos con sus ojos, sonrió…

Ante esto, el viejito solo tuvo una cosa por decir << Lo dicho, ya le dio el cuarto de hora>> o lo mismo, ya se volvió loco.

En verdad que estaba loco, pero de algarabía. Antes de continuar con este momento, entró franco a buscar dos respuestas, para esto se acercó al anciano, lo sujeto con sus manos por los hombros, y lo interrogó:

-Señor, dígame ¿Qué días es hoy?, pero no solo eso, ¿Qué fecha cae hoy, de que mes y de qué año?

El viejecito, ahora si asustado, con cara de miedo le respondió de inmediato:

-Hoy es lunes 16 de enero de 1999

-Ahh…Ja, ja, ja, ja, - Se carcajeó y abrazó con sentimiento al anciano para después salir corriendo.

Sin saber cómo, ni con que fuerzas, José Ramón había recorrido las 20 cuadras que lo separaban de su humilde morada, cuando llegó, se acercó temeroso pero impávido hasta la puerta, sacó de entre sus llaves una, la propia, y la giró dentro del cerrojo.

Ya dentro, sus ojos se habían contagiado de la profunda alegría que su corazón irradiaba, mientras caminaba, iba dando gracias a Dios por esta segunda oportunidad, en pocos pasos atravesó la sala y llegó hasta el pequeño cuarto de su hija. Frotándose las manos se envalentonó y siguió su caminar hasta quedar a medio metro de la cunita rosada que se encontraba frente a él. Se inclinó por encima de ella, y la descubrió.

La pequeña Isabelita se había despertado, estaba chupeteando su osito de goma azul, y se movía inquieta de un lado para el otro.

El muchacho interrumpió su diversión y la tomó en sus brazos con mucho cuidado, la elevó hasta su cabeza y la miró con ternura, la acarició llorando como un bebé, continuó agradeciendo al Señor, para luego unirse con ella en un perfecto abrazo.

José Ramón utilizó la experiencia casi real de su sueño, aplicó todos los principios instruidos en este libro y se volvió un hombre de éxito, materializó el Barrio Lindo y jamás se rindió ante las pruebas doblemente difíciles que tuvo que sortear, llenó su carácter de libertad y generosidad, se programó mentalmente para triunfar, y eso fue lo que finalmente obtuvo.

Nuevamente "FIN"

Estimado amigo, el inicio de tus sueños hoy comienza a tener forma, bienvenidos al lugar en donde todo lo imposible, se convierte en lo posible:

www.barriolindo.ec

Eres desde ya nuestro invitado especial,

Cordialmente,

Juan Carlos Zavala B
Gerente General
Barriólindo Cía. Ltda.
Guayas – Guayaquil - Ecuador

www.ingramcontent.com/pod-product-compliance
Lightning Source LLC
Chambersburg PA
CBHW060011050426
42448CB00012B/2696